新典社研究叢書314

『とりかへばや』の研究
――変奏する物語世界――

片山ふゆき 著

新典社刊行

目　次

Ⅱ　『とりかへばや』の世界
――変奏する物語世界――

序　（本書の概要）

鎌倉時代成立の『無名草子』は、『今とりかへばや』を次のように評する。

> など。ただ今聞こえつる『今とりかへばや』などの、もとにまさりはべるさまよ。何事ものまねびは必ずもとには劣るわざなるを、これは、いと憎からずをかしくこそあめれな。（二四三頁）

男女の入れ替えという、新奇な趣向を有した『古とりかへばや』の改作本である『今とりかへばや』を、「もとにまさりはべるさまよ」と原作以上に評価する右の評言からは、改作や、さらには引用、物語取りといった先行作品摂取に対するこの時代の姿勢が窺える。先行の作品を摂り込みつつも、それを単なる「ものまねび」に終わらせず、自らの世界の創出へといかにつなげていけるか…。それが、作品の評価を分ける一つの指標になっていたものと理解できよう。

現存の『とりかへばや』は、この『今とりかへばや』と目される物語であるが、ここに見られる先行作品摂取の跡は、もちろん『古とりかへばや』によるものだけではない。『無名草子』においても至高のものとされる『源氏物語』をはじめ、『夜の寝覚』や『浜松中納言物語』、さらには、それら物語よりも遡った『竹取物語』など、これまで先行研究によって、数々の先行物語作品の深浅様々な影響が指摘されてきた。

さて、この『とりかへばや』という物語が物語史に登場したのは、中古と中世との狭間、『源氏物語』が生れた王朝物語最盛期を遥か昔とする時代である。『源氏物語』の強い影響のもとに成った、『夜の寝覚』『浜松中納言物語』『堤中納言物語』『狭衣物語』などの平安後期物語も、この物語には前時代の作品となる。

このような物語の引用論に不可欠なのは、その典拠と物語自体との時代的懸隔に対する視座であろう。というのも、典拠との時代が隔絶した表現の中には、それ以前に多数の先行作品にても引用され、その間に類型化していったものも多くある。そして、物語創作ならびに享受者間に、同表現に対する「共通理解」を構築してきたことも予測されるのである。

そうした引用の背後にある共通理解の何を引き継ぎ、あるいは何を排除し、またそれらをどのように変質させて自らの世界を構築しているのか。こうした問いが、『とりかへばや』が生まれた時代の作品を読み解く上では重要となるであろう。

物語に見られる類型や慣用的表現を支える共通理解とは、いうまでもなく物語生成の中で築かれていく。それゆえに、表現の裏に根ざす共通理解は、物語史の中での同表現の変遷を映し出すとともに、それを利用した作品をも物語史の中に位置づける。『とりかへばや』の最大の特徴ともいえる男女の入れ替えのモチーフも、この共通理解との対比の中で捉えていくべきものであろう。

本書は、右のごとき問題意識のもと、現存『とりかへばや』について考察する。そこに見られる共通理解の利用と、物語「史」を抱え込んだ表現の変奏に着目し、論を深めるにあたって、副題を「変奏する物語世界」とした。

Iは、現存『とりかへばや』に見られる引歌表現の考察を主としている。引歌表現には、まさに前述の共通理解の問題が潜むのにもかかわらず、今まであまり論述の対象とならなかった。以下の論文は、この引歌表現を手掛かりに、『とりかへばや』が、先行作品の何を継承あるいは排除、変質させて自らの世界を描き出したかという問題を明らかにしようという試みである。

第一章は、巻二において登場する、宰相中将と男尚侍による場面の鍵語「志賀の浦」についての論。同表現は、これまでの先行研究において解釈が分かれてきた。これを改めて分析し訳出するとともに、この表現を用いた男尚侍の発言ならびに当該場面に見られる、『夜の寝覚』等に描かれた先行の恋物語への〈パロディ〉的要素を検証する。

第二章は、第一章にも関連した宰相中将にまつわる、「枕よりあとより」、「左右の袖」、「打つ墨縄」といった引歌表現の特異性を指摘したもの。類型的とも思われる表現を用いながら、その描く世界を転倒させて、諧謔的世界を描出する、その手法について考察する。

第三章は、第二章に引き続き、宰相中将にまつわる、「宇治の橋姫」、「塩焼く煙」といった引歌表現に認められる特異な用法について論じ、宰相中将の「ことば」の過剰性を指摘したものである。宰相中将は女性達への恋情を表わす際に、数々の著名な引歌表現を駆使していく。そうした「ことば」の背後にある共通理解と、宰相中将の文脈との「ズレ」について考究する。

第四章では、『古今和歌集』九九二番歌「あかざりし袖のなかにやいりにけむわがたましひのなき心ちする」をもととした引歌表現について、同歌の享受史を踏まえつつ、藤原定家周辺の和歌に見られる享受のありようとの共通性と、さらには、そこから逸脱した独自性を論じる。

第五章は、巻二において見られる、女中納言と宰相中将による引歌表現が多用される会話について考察し、引歌表現の持つ、物語を牽引する伏線的な機能について論じたもの。『とりかへばや』という物語に幾重にも仕組まれたギャップと、それを前景化させる引歌表現の機能とを解明する。

第六章では、『源氏物語』以降頻出する藤原兼輔詠「人のおやの心はやみにあらねども子を思ふ道にまどひぬるかな」（『後撰和歌集』一一〇二）の引用表現が、『とりかへばや』においては特異な位置づけのもとに利用されていることを指摘し、『とりかへばや』特有の手法について明らかにする。

Ⅱでは、現存『とりかへばや』に見られる人物の描写に注目し、それら表現が抱え込む物語史をも踏まえつつ、その変容した表現世界を探る。

第一章は、男装の女君が、宰相中将と契りを結んで以降、彼女の妻である四の君と類似を見せていくことを指摘し、元来性質の異なった二人の女性が接近し、対比関係を結ぶことで、かえってその差異が強調される、この物語の叙述の方法を論じたもの。

第二章は、巻四に見られる、帝の恋の特異性を指摘した論。物語終末近くにおいて、にわかに活躍を見せる帝は、恋する者として臣下の男のごとき行動をとるにもかかわらず、特異なほど帝の面ばかりが強調され、男としての魅力は問題とされない。そこから、『とりかへばや』の持つ、男女の心の追求を旨とする先行物語に対する〈パロディ〉性について論究する。

第三章では、他の論文とは異なり、『とりかへばや』の英訳本である“The Changelings : A CLASSICAL JAPANESE COURT TALE”について考察する。一九八三年に刊行されたこの英訳本は、時代、国・文化、言語を越境した翻役者の手によって再生された、現代の『とりかへばや』といえる。その分析を通して、現代において『とりかへばや』を読むことの意義を探りたい。

模倣、亜流、呪縛といった言説から、影響下における模索、そして、自己世界構築のための意識的な利用といった理解へ。物語の、とりわけ『源氏物語』という「大作」が出現した後に創作された、王朝物語を志向する作品群の評価は、時代とともに変遷してきた。そうした中でも、『とりかへばや』という物語の評価や位置づけは、男女の入れ替えというモチーフに対する文化的社会的価値観の変動も相俟って、時代によって大きく移り変わってきたといえるだろう。

本書が、『とりかへばや』研究の一助となれば、これに過ぎたる喜びはない。

凡 例

本書において引用する現存『とりかへばや』の本文は、「国文学研究資料館蔵初雁文庫本」を底本とし、「宮内庁書陵部蔵御所本」によって校訂した『新編日本古典文学全集』(二〇〇二年 初版 小学館)(石埜敬子訳注)を使用する。本文を引用する際には、当注釈書における頁数を記載した。

他作品については、特に断りがない限り、『竹取物語』、『伊勢物語』、『大和物語』、『うつほ物語』、『源氏物語』、『夜の寝覚』、『浜松中納言物語』、『狭衣物語』、『栄花物語』、『無名草子』は、新編日本古典文学全集(小学館)により、その巻数と頁数を示した。さらに、『あきぎり』、『有明の別』、『いはでしのぶ』、『苔の衣』、『恋路ゆかしき大将』、『我が身にたどる姫君』は、鎌倉時代物語集成(笠間書院)により、頁数を示した。歌集に関しては、『新編国歌大観』によった。

なお、引用に際して、ルビについては省略し、適宜傍線等を施した。

I　引歌表現と『とりかへばや』

第一章　「志賀の浦」試論
――宰相中将の「恋」をめぐるアイロニー――

一、はじめに

心を惑はし涙を尽くして、その日も暮れその夜も明けぬべきに、思しわび、督の君も、「忌み果てぬれば、殿も参りたまふ、中納言もおはしなんを、かくてのみいとわりなかるべきを、まことに深き御心ならば、志賀の浦を思いて出で去なば、いかにうれしからん」と言ひ出でたまへる声の、わりなく愛敬づきたるほども、ただ中納言なりけり。めづらしういみじきにさへ聞き惑ひ、いとど出づべき心地もせず。

「後にとて何をたのみに契りてかかくては出でん山の端の月

めづらかなるわざかな」とも言ひやらず。

「志賀の浦とたのむことに慰みて後もあふみと思はましやは

わが君、よし見たまへ」とぞうつくしうのたまふに、あやにくならんもわりなくて、魂の限りとどめ置きて、骸の限りながら出でぬ。

（巻二　二六八～二六九頁）

右は、現存『とりかへばや』巻二において、宰相中将が、尚侍である女装の男君に言い寄るくだりに連なる場面である。「思ひ至らぬ方なき心」（巻一　一八一頁）とも評される宰相中将は、男と知らぬまま評判の尚侍を恋慕して、宮中において物忌み中のところを忍び込み、とうとう彼女（彼）に接近する。彼は、その美しさに「心を惑はし涙を尽くして」言い寄るが、男君の尚侍は一向に靡かない。そうして夜が明けても退出せず、互いに譲らないままその日も暮れ、二度目の朝を迎えようとする。その二日目の夜明け、ついに宰相中将はその場を諦め、尚侍と歌を詠み交した後立ち去るのであった。

引用箇所を一読すれば、「志賀の浦」がここでの鍵語となることがわかるだろう。まず、男君の発言にて、「志賀の浦を思いて出で去なば」と宰相中将を説得する言葉として登場し、その後も彼女（彼）の歌において、「志賀の浦とたのむことに」と繰り返される。つまりは、この「志賀の浦」という表現は、この場面を突き動かす、一つの重要な要素となっているわけである。しかしこの語は、前後の文脈から考えても明らかに唐突であり、周囲の他の語からの地理的な連想、あるいは掛詞的にある意味を呼び込む発想によって引き出されたものとはいえず、そのままでは解し難い。したがってそこには、何らかの発想の典拠が求められねばなるまい。ならば、まずこの「志賀の浦」は果たして何を典拠とし、どのような意味を持つものとして機能しているのか明らかにすることが、この場面を解釈する上で必要不可欠であるわけだ。

本章では、これまでの「志賀の浦」の解釈の動向を振り返り、既に多く議論されているところではあるが、その解釈、ならびに、それによって見えてくる現存『とりかへばや』の築き上げる世界を探っていく。

二、先行研究における解釈の動向

では、まず第一に「志賀の浦」に関する先行研究の解釈の動向を辿っていきたい。この語は、古くは山岡浚明から、[1]

高階成順石山にこもりてひさしうおとしはべらざりければよめる　　伊勢大輔

みるめこそあふみのうみにかたからめふきだにかよへしがのうら風　（『後拾遺和歌集』巻十三・恋三・七一七）

がその引歌として指摘されてきた。その上で、尚侍のことばは、「逢うことはむりであるが音信だけしてもらえば」[2]のように訳され、また、その歌に関しては、伊勢大輔の歌により、「音信」と「逢うこと」を対置した、「音信」はするが、後に「逢うこと」はないといった趣意のものとして解釈された。[3]「志賀の浦」の背景に伊勢大輔の歌を読み取ること、ならびに男君の歌を宰相中将への拒否の表明として解することが、当初は主流であったと考えられる。

だが、『新釈とりかへばや』[4]は、このような解釈に対して疑問を投げかけた。宰相中将の歌にある「後にとて」、ならびに男君の歌中の「後も」という表現に注目した『新釈』は、伊勢大輔の歌にはその語が含まれないことを指摘し、「別の適切な引歌がありそうな処」とする。そして「参考までに」と、『夜の寝覚』における、「志賀の浦」と「のちに」という表現上の問題およびその対応関係が類似する箇所を挙げ、『夜の寝覚』『とりかへばや』に共通する引歌の存在が予測されるところである」と結ぶものの、語釈においては、従来の説にのって伊勢大輔の歌を引歌とし、そ

の上で、男君の歌に関して、

下句「あふみ」は上句の「志賀の浦」をその縁語「近江」で受けたもので、更にそれに伊勢大輔の引歌の「みるめのかたき（＝「ミルは淡海にはない」と「会うことは困難」の両義）」近江の意をこめたのである。「やは」は反語。

と、「近江」についての新たな説を挙げ、

志賀の浦風のように文通でもと将来を頼みに思っていただく言葉でお別れのつらさを自ら慰めていますが、しかし、いつまでたっても逢えぬ身だとまでは思いましょうか、いつか逢う機会はあると思いますよ。

との読みを提示した。つまり『新釈』は、「あふみ」＝「みるめのかたき」すなわち「逢えない身」とし、その上で反語表現を受けて、男君の歌を、後に逢う気はあると宰相中将に期待させたものと解するのである。さらに、「志賀の浦」という語における『夜の寝覚』との類似に関しては、辛島正雄氏もまた、『新釈』と同年に発表された論文において、『今とりかへばや』が、意識的に同じことばを用いながらも、別の典拠で読み解かれるようにアレンジを加えた」のではないかと推察し、あくまで典拠は伊勢大輔の歌にあるとしながらも、同じく『夜の寝覚』の影響を論じている。(5)

それでは、その『夜の寝覚』の該当場面を確認したい。

「今宵は、中宮上らせたまふべき夜なるに、人も、いかにあやしと、尋ね思ふらむ」、我が御身の紛れがたく、ところせくなりそめたまひけむも、この人ゆゑは、悔しくも、いとはしくもおぼしなられさせたまひつつ、「明日は逢瀬」と頼むべくもあらざめる人の気色に、ただ我が情ばかりを尽くし知らせたまふ。「さりとも、思ひ知らずはあらじかし」とおぼしめす。

志賀の浦に御命をかけしく、立ち出でさせたまふべきうらもなし。

のちにまたなかれあふせの頼まずは涙のあわと消えぬべき身を

まことに、かきくらさせたまへる御気色の、心深く、なまめかせたまへる御様の、いとなべてならず、艶に、限りなくぞおはしますや。（巻三　二八三〜二八四頁）

寝覚の上と帝の必死の攻防戦ともいうべきくだりである。恋慕のあまり帝は彼女のもとに闖入する。だが、言葉を尽くし散々かき口説くものの、寝覚の上はかたくなに靡かない。人目もあり、これ以上その場に留まるわけにもいかない帝は、後の逢瀬を期待するしかないのであった。ここにおける「志賀の浦」は、

「志賀の浦」は近江にあり、「逢ふ身」の意を含んだ和歌的表現。さきの「明日は逢瀬」を同義に言い換えたもの。（『新編日本古典文学全集』(6)）

などとして説明される。

この『夜の寝覚』の影響を読み取る考えは、その後も受け継がれ、今井源衛氏、辛島正雄氏、森下純昭氏による

『新日本古典文学大系』[7]もまた、それを継承している。さらに歌の解、つまり「あふみ」についての考え方も、やはり『新釈』と同じく伊勢大輔の歌を挙げ、「あふみ」＝「みるめのかたき」すなわち「逢えない身」という論理を「不安がある」としながらも採用した。[8]

ついで、西本寮子氏は、「秘密保持のためには」「「志賀の浦」なる語は窮状を逃れる口実であると同時に、「逢えない」というきっぱりとした拒絶の意味が」込められねばならぬとして、「志賀の浦」に「みるめなし」「かひなし」「あうことかたし」の意味を見、拒絶の言葉である「志賀の浦」を、『夜の寝覚』の帝同様「後の逢瀬に転化しようとし」た宰相中将に対して、「「見る目もかいもない志賀の浦」なのだから「後もあふみと思はましやは」と重ねて拒否の意を口にし」たものと男君の歌を解釈しており、[9]その同年の『中世王朝物語全集』においてもやはり、『夜の寝覚』との類似を紹介しつつ、「志賀の浦」の語から「みるめなし」、すなわち「逢えない」という拒絶の意味を読み取る解釈を提示している。[10]

なお、西本氏はその後の論文において、この「志賀の浦」に、「散逸物語『朝倉』の和歌を介在させてみるとき、もうひとつの解釈が可能になるのではないだろうか」として、

ゆくへしられはべらざりけるをとこに、いしやまにこもりあひて侍りけるを、後にききて、そのをり哀とは思ひけんやと申しければ　　あさくらの皇太后宮大納言
吹きよりししがのうら風いかばかり我が身にしみし物とかはしる　　（『風葉和歌集』巻十八・雑三・一三五八）

という歌によって、男君が持ち出した「志賀の浦」という語に、『朝倉』の物語世界」を重ねる説を提唱し、ここで

は後の逢瀬を期待させたものとする。(11)

このようにして、伊勢大輔の歌ならびに『朝倉』の歌が、この「志賀の浦」の典拠として挙げられてきたわけである。しかし、ここで気づかされるのが、引歌とされる二首はともに、「しがのうら風」であるのに対し、男君の尚侍の歌、およびことばにあるのは、「志賀の浦」のみという相違である。

そこで、石埜敬子氏はこの差を疑問とし、従来の伊勢大輔の歌を引歌とする説に対して、「なぜ「志賀の浦風」とならなかった」のかと異を唱えた。(12)さらに、「のちに逢う身とは思わない」、すなわち後の逢瀬を拒絶する形で男君が返答したという説に関しても、「しかしそれでは、続く「わが君、よし見たまへ」という尚侍の発言や、「うつくしうのたまふ」と描かれる態度と合わせたとき、違和感を感じざるを得ない」と疑問を呈し、その解決法として、『夜の寝覚』から「志賀の浦＝後の逢瀬、近江＝見ること難き逢う身」という「地名のコード」を導き出し、それを『とりかへばや』にも適用して、彼女の歌を「私は、後の逢瀬を期待して、この先も逢うことが難しい身などとは決して思っておりません」と解する説を提示する。

その一方で、同年の『新編日本古典文学全集』では、石埜氏はその歌を、

志賀の浦とお約束したことに心を慰めて、また後に逢える身だとお思いにならないのですね。

（『新編日本古典文学全集』(13)）

と、その主語を相手、つまり宰相中将と判断して訳出し、

「あふみ」は、「逢ふ身」に「近江」を掛ける。「やは」は反語。

という頭注からわかるように、その背後に「地名のコード」を読み取らず、解釈した。

三、『馬内侍集』歌と『夜の寝覚』における「志賀の浦」

以上が「志賀の浦」にまつわる先行研究の動向である。この「志賀の浦」、特に尚侍の男君の歌の表すものの解釈は、やはり従来難解とされ、その理解も、宰相中将を拒絶するもの、期待させるものと様々に分かれるが、こうした解釈の問題に関して私見を述べたい。

まず、歌の主体をどのように捉えるべきかという問題である。これについては、上句と下句で分ける説も見られるものの(14)、当該歌の場合、「慰みて」と上句がそのまま下句へと繫がっており、首肯できない。主語は上句下句ともに同じと見るべきである。

続いて、歌の下句を「私は後も逢おうとは思いません」といった拒絶の意味として見る『校注』『学術文庫』『中世王朝物語全集』の解釈であるが、石埜氏の指摘にもあるように、後に続く尚侍の発言、宰相中将の感想、加えて、

その後、かき絶え御文の返事もなく、雲居にもて離れたまへるに、すかし出だされたてまつりしことの、妬くかなしう悔しきに、（巻二　二六九頁）

という後日の宰相中将の反応から見ると、やはり不自然といえよう。「逢わない」という拒否の気持ちが明示された上で退出したのであれば、「すかし出だされ」たとは思うまい。やはり尚侍の歌には、引き下がろうとしない宰相中将を籠絡するような、後を期待させる意味合いがあったと考えられる。

ならば、一体これはどのような歌といえるのか。ここに来て、「志賀の浦」ならびに「あふみ」の問題が浮上してくるのである。『新釈』『新日本古典文学大系』は、伊勢大輔の歌を引歌とすることにより、また前掲の石埜氏の論文は『夜の寝覚』から「地名のコード」を読み取ることにより、「近江」＝「見る目がない」の意味を引き出す。[15]一方、西本氏は「志賀の浦」の方に、「みるめなし」などの意味を見ている。[16]しかし、そのような読み取り方は『新日本古典文学大系』が「不安がある」と述べているように、やはり問題があろう。

なぜなら、「志賀の浦」および「近江」を詠み込んだ、先行ならびに周辺の時代の歌における用例を確認すれば、自ずと明らかなように、[17]

心ざしはありながらえあはざりける人につかはしける

みるめかる方ぞあふみになしときく玉もをさへやあまはかづかぬ

（『後撰和歌集』巻十一・恋三・七七二・よみ人知らず）

大進

恋ひわぶる人にあふみの海といへどみるめはおひぬ物にぞありける

（『永久百首』「水海」・五二六）

基俊

人しれずみるめもとむと近江なるしがのうら見て過す比かな

（『堀河百首』恋十首・一二七五）

千二百六十八番　左　　讃岐

涙河せきやるかたやしがのうらみるめはするゑもたのみなければ　（『千五百番歌合』恋二・二五三四）

といった、「近江」および「志賀の浦」に「見る目がない」という発想を持つ歌は、現存『とりかへばや』成立以前以後ともに、「みるめ」という語を省くことはないのである。つまるところ、この「みるめ」を得ていない状況を示す表現、すなわち打消表現などの語もまた、省略されず、その発想の過程は、歌中において明示されているのだ。それはまた伊勢大輔の歌も然りである。『とりかへばや』当該歌のように、ただ「あふみとおも」ぅとなった場合は、

さだときのみこの家にて、ふぢはらのきよふがあふみのすけにまかりける時に、むまのはなむけしける夜よめる　　きのとしさだ

けふわかれあすはあふみとおもへども夜やふけぬらむ袖のつゆけき　（『古今和歌集』巻八・離別・三六九）

わぎもこにいまはあふみとおもへども人めもるやまくるしかりけり　（『六条修理大夫集』二九四）

いかにして君にあふみとおもふにもこころぞさわぐしがのうらなみ　（『風情集』「恋」・二一二）

心のほかなることにてしらぬくにまかれりけるを、ことなほりて京にのぼりてのち、日吉の社にまゐりてよめる　　平康頼

おもひきやしがのうら浪たちかへり又あふ身ともならむものとは　（『千載和歌集』巻十七・雑中・一一二〇）

などのように、単に「逢う身」を掛けるものとして解釈できる。また、「近江」および「志賀の浦」はともに、「見る

目がない」という発想と同様の関係を結んでいるのであって、「志賀の浦」に、あるいは「近江」に限定して「見る目がない」とはできない。

さらには、前述のように、当該の伊勢大輔の歌にあるのは「志賀の浦風」であることに注意したい。「風」ならびに「浪」が付いたとき、それは当然ではあるが、「志賀の浦」およびほぼ同義の「近江の海」とは意味するところが異なってくるのである。それを前提としたところに、伊勢大輔のような二つを響かせる詠みぶりがある。したがって、石埜氏の指摘するように、「志賀の浦風」等と「志賀の浦」は一線が引かれるべきであり、ただ「志賀の浦」とあるだけならば、それは「近江」なる「志賀の浦」なのであって、「近江」に「見る目がない」意味を重ねるならば、「志賀の浦」にも同様の義を見るべきである。「見る目がない」「近江」の海とは、結局「見る目がない」「志賀の浦」のことなのだ。

次に、石埜氏が説く『夜の寝覚』からの「地名のコード」について。石埜氏が「地名のコード」の一つとして挙げる『夜の寝覚』の「近江」の例は、五巻本の(18)、以下の箇所である。

「さ言ふばかりにはおはせざるべかめれど、年ごろの本意あり、かかるついでにと、おぼしたつになむはべる。身には頼もしげありとはおぼえぬ御心ばへを、一人は寄るべありとのみおぼしたるこそ、人目なかなかに、かたはらいたけれ」とのたまふが、おいらかならぬ気色も、近江の海のこと思ふには心騒ぎせられて、「数ならぬ身の際よりほかは、なにとか頼もしげなき節とは御覧ぜらるらむ」とばかり、言少ななり。　（巻二　一四三頁）

これは、寝覚男君の不実を見抜いていると思わせる、妻大君の穏やかならぬ様子に、心当たりのある当の男君はぎくりとするという場面であって、この傍線部「近江の海のこと」とは石山にいる寝覚の上のことを指す。つまり、この「近江の海」とは「石山」から引き出されたものであり、「近江」すなわち「志賀の浦」と同様の、地名からの連想でしかないのである。したがって、寝覚男君の心当たりに重点を置くであろうこの文脈には、「見る目がない」という意は、それほど要請されてこないと考えられる。[19] あるいは、その状況より「近江」の語の裏に「見る目がない」状態であること、つまり寝覚男君が寝覚の上に逢えない事態が続いたことを見出し、それをも暗示すると判断するにせよ、その意味を背景ごと他作品の歌にそのまま適用することは、いくら類似や影響関係が見られるとはいえ、やはり危険である。

以上により、当該歌の「あふみ」を、その語だけで「見る目がない」と解釈することは困難と考える。前出の尚侍のことば中における「志賀の浦」に、『夜の寝覚』の影響を見るのであれば尚更であり、「志賀の浦風」ならぬ、ことば中と同一の「志賀の浦」という語が用いられる歌から、唐突に伊勢大輔の歌を読み取って、「みるめ」の語がないまま「見る目がない」とするのは、不自然の感を免れ得ない。[20]

それでは、一体、この男君の歌はどのように解釈されるべきものであるのか。そこで、『馬内侍集』の次の例を挙げることにより、それを探っていきたい。

いまはかぎりといひたりしかば、しがのうらにとのみいひやる、三日ばかりありて
志賀のうらにたのむなみだはつきせねどせきもとどめぬあふさかの関
返しはせで、しばしありていし山へまうづとききて
会坂のせき山こゆるけふさへやなほやなみだのつきせざるらん

といひたりしかば
白露のするゑずゑこゆる相坂のいとはるさめに袖ぞぬれける
（『馬内侍集』五七～五九）

ここには、『夜の寝覚』、ならびに現存『とりかへばや』当該場面と非常に類似した「志賀の浦」の使用が認められるのである。繰り返すが、『夜の寝覚』『とりかへばや』の「志賀の浦」は前後の文脈と合わせて見ても唐突であり、その語を呼び込むような地理的なもの等の発想の過程が、周囲に明示されているわけではない。そして、『馬内侍集』における、馬内侍が言って遣った「しがのうら」にもまた、そういった発想の必然性が地理的な連想などでは理解できないのである。後の「いし山」は「しがのうら」からの関連として考えられよう。[21]

ならば、この「しがのうら」はどのように理解できようか。馬内侍の「しがのうら」は「いまはかぎり」といってきた男に対することばである。それを受け、男が「志賀のうらにたのむ」とする歌を寄こしているということは、この「しがのうら」には、再びの逢瀬を誓う意味があると解釈せねばなるまい。[22]

このように、『馬内侍集』をも視野に入れた上で、『夜の寝覚』そして『とりかへばや』に改めて目を向けたとき、「志賀の浦」＝「近江」＝「逢う身」＝「その後にもまた逢う」という発想の公式が浮彫りとなる。[23]この公式に鑑みれば、『とりかへばや』における男君のことばは、やはり「志賀の浦」を単に「逢う身」を導くものとして捉え、「ほんとうに深い御愛情ならば、またいずれ逢おうとお考えになって出て行ってくだされば」というように解釈すべきであろう。また、問題の歌に関していえば、宰相中将の「後にとて何を頼みに契りてか」とする歌に対して、その「何を頼みに契りてか」という句を利用し、『新編日本古典文学全集』の解するように宰相中将を主語として、「（そのように仰るとは。私は後の逢瀬を約束しましたのに、）あなたは志賀の浦と逢瀬を約束することに心を慰めてまた後にも（私に）

逢おうとはお思いになってくれるでしょうか。なってくれないのですね」とする応答。つまり、そのように不審がるのは自分の逢瀬を表すことばを理解し信用してはおらず、自分に逢おうという気もないのだとなじっていると考えられるのである。

ちなみに、この歌を難解なものとしている要因の一つは、「おもはましやは」という表現であろう。多くの場合「おもはましやは」、さらには「ましやは」もまた大半が、次に挙げる例のごとく詠み手の側に歌の主体が在し、波線部のような仮定条件を伴い表されて、確信に満ちたその心が表明される。

つらゆき

いそのかみふるのなか道なかなかに見ずはこひしと思はましやは

（『古今和歌集』巻十四・恋四・六七九）

典侍洽子朝臣

ちる花のなくにしとまる物ならば我鶯におとらましやは

（『古今和歌集』巻二・春下・一〇七／『新撰和歌』（一・七七）では末句「おとらざらまし」）

この「ましやは」という表現を考えれば、『校注』『学術文庫』『新釈』『新日本古典文学大系』『中世王朝物語全集』がその主語を尚侍とするのもわからないことではない。けれども、非常に少数ではあるが、相手および他者を主語とした例も見られる。その多くは、相手のことば、あるいは先にあった行動を受けて、それを逆手にとるなどして仮定条件を用い、相手を揶揄している。(24)

だが、次のような例もある。

なが月廿日よひの夕ぐれに、空のけしきつねよりもあはれなるに、荻の葉の風をかしきほどなるに、斎院に御ふみたてまつらせたまふに

荻の葉に風の吹きよる夕暮はおなじ心にながめましやは　（『御堂関白集』二〇）

この例の重要な点は、仮定条件を伴っていないことである。尚侍の当該歌もまた、仮定条件が表されず、それが解釈の困難さを強めている。こういった例は極めて少なく、非常に訳出しにくい歌といえよう。ここで、その他の仮定条件を伴わない「ましやは」の例について検討したい。

あだならむ人のこころをみづぐきのせきとめはてずながれましやは　（『西宮左大臣集』三八）

よしの山花をのどかに見ましやはうきがうれしき我が身なりけり　（『西行法師家集』六二）

中の丸にてみな人あひともに花を見侍りて

とめゆかむ山路の花の色かにもおとらましやは庭の木本　（『春霞集』三四）

右の例において、「ましやは」の背後に共通するのは、詠み手の考えや判断、ならびに状況というべきものをもとにした自らの意志や確信の心ではなかろうか。ゆえに、仮定条件なしの「ましやは」は、その意志や確信を強く打ち出すものとして働くのである。それでは、それが他者に向けられたときどうなるのであろうか。仮定条件を伴った場合の例からも考えて、そこには「ましやは」を付けざるを得ない相手に対する揶揄の気持ち、あるいは不信感が表れ

ていよう。だが、翻って考えてみれば、相手に対するそのような、ことさらの呼び掛けは、同時に相手への願望や訴えかけとしても機能しているとも理解できる。したがって、先の『御堂関白集』の歌は、妹尾好信氏が提示した「おそらく、実際には同じ心で眺めることは難しいけれども、もしできればそうしたいという願望の表現」との解釈が[25]、妥当と考えられるのである[26]。

とするならば、男君の尚侍の歌における「ましやは」は、宰相中将が望むとおりに「思ってはくれていない」という確信に似た思いと、そう「思って欲しい」という願望が入り交じった表現として解釈できる。換言すると、男君は、「ましやは」を用いて宰相中将のことばを非難し、なおかつ熱く心に働きかけるポーズをとることをやってのけたのである。さすがの宰相中将もこれにはほだされるというものだ。

そしてまた、この歌における「後もあふみ」という表現が、長らく「後も逢おうとは思わない」あるいは「後も逢わないということはない」という訳を引き出してきたと考えられるが、「逢ふ身」は何も契りを交した男女のみを指すものではない。宰相中将と男君は接近し、対面している。この状況もまた「逢ふ」という語で表されることは可能といえよう。男君は、たとえこの場は別れても、また再び「逢ふ」ことを宰相中将に約束しているのである。まさに、男君は「志賀の浦」というキーワードを用いて、宰相中将の焦りを逆手にとり、思わせぶりな返事をして彼をなだめることに成功したのである。

四、「志賀の浦」――その〈パロディ〉性

以上のように、「志賀の浦」と尚侍の歌に関して見てきたわけであるが、ここで注意したいのは、「志賀の浦」とい

う語を持ち出したのが尚侍の男君の側だということである。

前述の『馬内侍集』の場合、「いまはかぎり」と言ってきたことへの返答として、「しがのうら」は用いられる。よって、これが、「男をあしらうことの上手な馬内侍[27]」による手練手管の一つであったとしても、関係を繋ぎ止めようとする側において用いられることは留意すべきである。『夜の寝覚』もまた同様だ。「志賀の浦」の語は、寝覚の上との逢瀬を願ってやまない帝が「御命をかけしく」思うものとして登場する。つまり、「志賀の浦」には、そのような男女の関係を繋ぎ止めんとする恋の思いが集約されているのである。ところが、現存『とりかへばや』においての「志賀の浦」はどうであろうか。ここでの「志賀の浦」は、逢瀬を期待した言い寄る側の男、宰相中将が口にするのではなく、拒む側の女、尚侍の男君が使用しており、まさしく宰相中将を退出させるための詭弁として働いているのである。

この差はどのように捉えるべきなのか。既に指摘されているように、宰相中将の侵入と「志賀の浦」という語には、『馬内侍集』の先行例があるとはいえ、その近さから考えても[28]、やはり『夜の寝覚』における寝覚の上と帝の条からの影響があると見るべきであろう。だが、『夜の寝覚』の影響を認めれば認めるほど、その差違もまた明確化する。なぜ、「志賀の浦」の語は『夜の寝覚』の帝のように、宰相中将に用いられず、尚侍のものとしてすり替えられたのか。ここには、現存『とりかへばや』が全体を通して抱えることとなる、内面と外面の不一致すなわち二重性という観点から、この物語における引歌表現を眺めたとき、看過できない問題がある。

引歌について、河添房江氏は、
大きくいえば、本歌のよび醒ます揺るぎない共同の現実なり美感なりに再帰しつつ、享受者との心的連帯をつなぎとめていく表現営為といいうる。

とする。[29]『夜の寝覚』の帝は、まさに「志賀の浦」の語によって、寝覚の上との「心的連帯」をつなごうと試みたわけである。一方、『とりかへばや』の男君に見られるのは、そうした「心的連帯」あるいは「共感」の「演技」なのである。尚侍の男君は、「志賀の浦」という表現が持つ共通理解を利用した。つまり、先行作品に見られた、「志賀の浦」の語に託された思いを逆手にとって、それを踏まえた「共感」を装い、宰相中将を丸め込んだのだ。

内面と外面のギャップという二重性。先行研究が、男君のことば、あるいは歌を、多く拒否の意として解釈してきたことは、もちろん「志賀の浦」の語の難解さによるところが大きいが、しかし、一方で、引歌利用の問題にも起因すると思われる。

そもそも引歌とは、どのような機能を持つ表現技法として物語上に登場しているのか。鈴木日出男氏は、物語の和歌、引歌、および歌ことばに関して、「非日常的な言葉によって、重層的なしくみを保ちながら、非日常的な時空をつくり出し」、「容易に気づきがたい心の深淵、あるいは意識の底に埋もれている民俗などにもふれる」と説明する。[30]一般に、物語の登場人物の発する引歌表現とは、登場人物の「内面」を反映し、「深層」を語るものとして機能すると考えられる。そうした理解が前提にあるゆえに、先述のような拒否の意味が導き出されてきたのであろう。

けれども、現存『とりかへばや』の引歌表現には、「内面」を表すだけではなく、この物語が持つ二重性を反映した、特異な用法が認められるのだ。男君の、宰相中将への哀願には、内面を押し隠しつつも穏便に事を収拾しようとする、したたかさがある。それに対して、男君の「演技」を見抜けずに彼のことばをそのまま、すなわち先行作品が「志賀の浦」に込めた恋の情念のままに受け取った宰相中将は、まんまとだまされてしまった。翻って、表面的な

「志賀の浦」のことばを信じた男の滑稽さが、かえってここに立ち上がってくるのである。

そして、問題は「志賀の浦」を口にした尚侍の男君の側にだけあるのではない、男、つまりは宰相中将の方にも積み上げられる。

辛島正雄氏は前掲論文において、この場面に関し、「帝の執拗きわまりない口説きと寝覚の上の必死の防戦という粘っこい長大な場面を」「大幅にカット」しつつも、「同様の執念深さを印象づける」ために、「宮の宰相の侵入が二度の朝を迎えるまでの長時間にわたるものであったと」し、「別れの場面だけはそれとなく似せ」、「省エネ執筆を果たした」のではないかと述べている。(31)

なるほど確かに、この宰相中将の進入場面には、『夜の寝覚』の帝闖入場面の、必死の攻防を想起させるような描き方と認められるべきものがある。だがその一方で、「同様の執念深さ」の印象づけに選び取られたものが二日にわたる宰相中将の滞在というのでは、忍び込んだ執念深い男、宰相中将に滑稽感がつきまとうのではあるまいか。執念深く言い寄る男である『夜の寝覚』の帝、およびそれに先行する『源氏物語』に描かれる、落葉の宮を口説き続ける夕霧の、夜明けにあたっての対応を思い起こしたい。


「今宵は、中宮上らせたまふべき夜なるに、人も、いかにあやしと、尋ね思ふらむ」、我が御身の紛れがたく、ところせくなりそめたまひけむも、この人ゆゑは、悔しくも、いとはしくもおぼしなられさせたまひつつ、「明日は逢瀬」と頼むべくもあらざめる人の気色に、ただ我が情ばかりを尽くし知らせたまふ。（略）いとやをら出でたまふに、やがて立ち添ひて、見送らせたまへば、二間ばかり隔ててぞ、御供の人々、おのおのうち臥しつつ、有明の月の、明け方になりにける霞にもさはらず、さやかにさし入りたる影に、

「明かさでだに出でたまへ」と、やらひきこえたまふより外のことなし。（略）いとうしろめたくなかなかなれど、ゆくりかにあざれたることのまことにならはぬ御心地なれば、いとほしう、わが御みづからも心おとりやせむなど思いて、誰が御ためにもあらはなるまじきほどの霧にたち隠れて出でたまふ、心地そらなり。

（『夜の寝覚』巻三　二八三～二八五頁）

（『源氏物語』夕霧巻④四一一頁）

右の引用部からわかるように、夕霧や寝覚の帝は、夜が明ければやむなく退散している。『夜の寝覚』の場合、帝という「ところせ」き身分も影響しているが、やはり日が昇っても居座り続けることは、あまりに外聞を憚らない行為であるといえよう。夕霧は前掲場面の後、落葉の宮のもとで朝を迎えるが、これは二人の間に実事が成った日のことである。参考までに以下に挙げる。

かうのみ痴れがましうて、出で入らむもあやしければ、今日はとまりて、心のどかにおはす。（略）内は暗き心地すれど、朝日さし出でたるけはひ漏り来たるに、埋もれたる御衣ひきやり、いとうたて乱れたる御髪かきやりなどして、ほの見たてまつりたまふ。

（夕霧巻④四八〇頁）

このようなことから見ても、実事がないまま、二日も女のもとに留まり続ける宰相中将の異様さは明らかであろう。そして、その異様さこそが現存『とりかへばや』の眼目というべきものなのである。

『とりかへばや』当該場面には、女の用いる詭弁としての「志賀の浦」、ならびに滑稽味さえ帯びる男の行動という二つのずらされたモチーフが使用されている。男が二人の今後の逢瀬を願った「志賀の浦」という語は、女が保身のため男を宥め騙しすかす道具となり、また男は男で、夜が明けても居座るという、男女の恋の場面にしては間抜けとすらいえる人物として描かれる。すなわち、女に魅せられ、恋の情念により迫る男と拒否する女の必死の攻防、先行作品に繰り返し描かれた、そうした男女の恋の情景に添うようでいながら、「ズレ」を生み出すのだ。そして、このような場面の変奏は、宰相中将の情熱的な恋物語を結果的に滑稽なものとしてしまうのである。

その上、ここには「女」が実は男性であるという『とりかへばや』独特ともいうべき問題が加味されてくる。辛島正雄氏は、現存『とりかへばや』の女君と吉野の姫君との条と、『源氏物語』橋姫巻、総角巻における薫と大君との場面との類似に言及し、

『源氏物語』の一種の〈パロディ〉だと見て、大過ないのではあるまいか。本来女である女中納言に、（略）薫を彷彿させる演技をさせる。すると、当の薫の大君を求める姿が真剣そのものであるだけに、なかば息抜き程度でしかない女中納言の態度との落差はじつに激しいものとなり、また、表現を多量に借り用いたことも、新たに表現をなす以上に、その〈パロディ〉たることを強く印象づけることとなるのである。

と、そこに〈パロディ〉性を見る(32)。辛島氏の指摘する〈パロディ〉化の問題を考えれば、当該場面における「ズレ」の意味が自ずと明らかになる。その意味で、『とりかへばや』は、神田龍身氏がいうように「従来の男女の恋物語のもつ深刻さを逆に茶化して(33)」おり、茶化されるのは宰相中将の恋物語なのである。換言すれば、ここには、恋する男の物語へのアイロニーが見られるのではなかろうか(34)。

この「志賀の浦」にまつわる宰相中将と尚侍の男君との場面は、先行作品の男女の緊迫した場面、および「志賀の浦」にかける恋する者の情念を想起させ、それに添うようでいながら、そこからずらすことによって、恋する男を読み手の前に滑稽化してみせる。『とりかへばや』は宰相中将の恋物語を、先行作品の恋物語の〈パロディ〉といっても過言ではないものとして描くのである。伊勢大輔の歌から離れ、『馬内侍集』『夜の寝覚』との共通性に注目することこそが、その背後にある恋物語の世界と、そこからの「ズレ」のあり様を表面化させるのであり、そうして、表出されたものは、恋する男の激情への茶化し、すなわち、宰相中将の恋物語に対するアイロニー性なのである。

また、『夜の寝覚』との類似が示すのは、現存の『とりかへばや』という物語が、「志賀の浦」という引歌、もしくはそこから派生した、一定の発想を根幹に持つ慣用句的表現を用いるだけでなく、それを既に使用した先行作品の世界をも取り込み、利用するという手法である。『浜松中納言物語』、『夜の寝覚』の引歌を論じて伊井春樹氏は、「典拠とした古歌から直接借用したのではなく、一度『源氏物語』という権威のあるフィルターを通し、新たなイメージの付与されたことばとして挿入した」とし、「『源氏物語』に引歌化された古歌を、重層的な世界にふくらませて用いる方法は、場面やことばの摂取とともにかなり多かったのではないか」と述べる。[35]また、河添房江氏も、後期物語の引歌における『源氏物語』の影響に言及して「引歌を媒にむきあわされる源氏の世界が、後期物語の線条性を決定する因子となっている」とする。[36]現存『とりかへばや』もまた、そうした、先行作品の「フィルター」を通してその語を用いていると考えられよう。

さらに注視すべきは、尚侍の男君は、先行物語での「フィルター」を利用して、引歌表現がそれら物語内で描いてきた場面および築いてきた世界を「演じている」ことである。つまり、彼女（彼）は、先行物語の人物と同様の、引歌表現を媒介にした「共感」を宰相中将に幻視させているのである。このような二重性を持つ引歌利用のあり方は、

「引歌表現によって描かれる世界」＝「先行物語に存する引歌を媒体とした「共感」の世界」＝「男君が演ずべき世界」という図式を浮き彫りにする。そして、その図式が機能することによって、結果として「茶化し」を生むのだ。さらに、その「茶化し」が、宰相中将の恋物語へのアイロニーに繋がっているのである。

五、おわりに

以上、「志賀の浦」という語の解釈を始点として、そこから導き出される、言い寄る男、宰相中将の恋物語のあり様という問題について考えてきた。この「志賀の浦」にまつわる宰相中将と尚侍の場面には、先行作品における世界を利用して、宰相中将の恋物語を描くという技法というべきものが認められる。そして、その利用のあり方が女側（尚侍）の「演技」、そして、男の恋に対する「茶化し」につながっていくことに、この現存『とりかへばや』という物語を考える上で看過できない問題がある。

異性装をし、それを隠して周囲と交わる男君、女君というきょうだいの物語である『とりかへばや』は、それゆえに、内面と外面との「ズレ」、ギャップというべきものを描き出す。この「志賀の浦」の語をめぐる宰相中将と男君の尚侍との場面には、まさにこうした内面と外面の二重性が色濃く表れているといえるだろう。

「志賀の浦」の語を用いて先行作品が築いてきた、「共感」や「心的連帯」の世界は、異性装の男君によって、内面を押し隠す手段として利用される。先行作品の用法を逆手にとった形である。受け手側である宰相中将はその「演技」に気づくことなく、「心的連帯」を結ぶものとして受け入れて、彼の秘密は守られるのだ。要するに、「志賀の浦」の語は、先行作品の描く世界を呼び込みつつも、そこからずれた世界を構築するものとして利用されている。そして、その「ズレ」が、『とりかへばや』という物語を先行物語との関係の中に、形作っていくわけである。『とりかへばや』という、内面と外面の二重性を描く物語を眺めるとき、こうした引歌表現には注視せねばなるまい。

注

（1）西本寮子「『浜松中納言物語』から『とりかへばや』へ―菅原孝標女の表現世界の継承―」（『更級日記の新研究』新典社　二〇〇四年）の指摘による。

（2）『校注とりかへばや物語』（鈴木弘道　笠間書院　一九七六年）、以後『校注』と記す。

（3）「音信だけはすると約束することによって、あなたは心を慰めて下さい。しかし私は後にあなたと逢って契りを結ぶなどとは思おうか、そんなことは思いもしない。」（『校注』）

「志賀の浦吹く風の通うように、お手紙を下さるあなただと、頼みに思わせてくれたことに慰められているわたしですから、のちに逢う身とまでは思っていません。」

（『とりかへばや物語　一―四』（『講談社学術文庫』桑原博史　講談社　一九七八―一九七九年）、以後『学術文庫』と記す。）

「慰」む主体は異なるとはいえ、ここにおいて、「志賀の浦」が指すものの解釈と、歌に、後に逢おうとは思わないという意を読み取る点において違いはない。

（4）『新釈とりかへばや』（田中新一・田中喜美春・森下純昭　風間書房　一九八八年）、以後『新釈』と記す。

（5）辛島正雄『『今とりかへばや』序説―古本からの飛翔―』（『徳島大学教養部紀要』二三　一九八八年三月／『中世王朝物語史論』上　笠間書院　二〇〇一年　所収）

（6）『新編日本古典文学全集』（鈴木一雄　小学館　一九九六年）

（7）『新日本古典文学大系』（今井源衛・森下純昭・辛島正雄　岩波書店　一九九二年）

（8）「志賀の浦のある近江の縁で、いつかはお逢い出来ると心を慰めております。どうしてこれから先お逢いしないなどと思うはずがありましょうか。通説は「みるめこそ近江の海にかたからめ吹きだに通へ志賀の浦風」（後拾遺集・恋三・伊勢大輔）に拠り、「近江の海」は「みるめ」が無い、逢えない、の意とする。「近江」は普通「逢ふ身」と掛けるので、この説には不安があるが、しばらく従っておく。」（『新日本古典文学大系』）

（9）　西本寮子「舞台としての宣耀殿―『とりかへばや』における人物造型の一方法」（『広島女子大学国際文化学部紀要』六　一九九八年十二月）

（10）『中世王朝物語全集』（友久武文・西本寮子　笠間書院　一九九八年）。ことば中の「志賀の浦」を、「「逢ふ身」を引き出すことが多い。『堀河百首』の「人しれずみるめもとむと近江なる志賀の浦見てすぐすころかな」（藤原基俊・一二七五）と関係があるとすると、「見る目」がないことをいうか」と注し、歌に関しては、「志賀の浦とお約束したことで、ようやっと心を慰めております。後も逢う身と思ったりしましょうか」と訳しつつ、注において、「「志賀の浦ゆえ海布目は求めにくい、すなわちそう簡単にはお目にはかかれないという事情を理解してくださるだろうと頼みにして自らの心を慰めているのであって、後も逢う身などとは思おうか、思いはしない」とでも解したいところだが、無理があるか」と述べる。

（11）　西本氏注（1）に同じ。西本氏はその上で、尚侍の発言を「忍んで来てくださったあなたの深い思いを私は十分に理解しております。あなたも本当に私のことを思っていてくださるのなら、あの歌を思い起こしくださって、きょうのところはお引き取り願えませんでしょうか」と訳し、また歌を、「「こうしていらしてくださったあなたのお気持ちは十分心にしみておりますから、きょうのところはそのことでお心をお慰めいただいて。後のことを思わないことなどありませんから」と返した」と解釈している。

（12）　石埜敬子「『今とりかへばや』の位相―『夜の寝覚』享受を通して」（『平安朝文学表現の位相』新典社　二〇〇二年）

（13）『新編日本古典文学全集』（石埜敬子　小学館　二〇〇二年）

（14）『校注』、および西本氏注（1）の論文。

（15）　石埜氏注（12）に同じ。

（16）　西本氏注（9）に同じ。

（17）「志賀の浦」（「志賀の浦風」「志賀の浦浪」含む）が歌に詠み込まれる例は、『万葉集』から見られるが、平安期私家集における初出は、『伊勢集』であり、勅撰集に登場するのは、『拾遺和歌集』の一例からである。その後、勅撰集に限っていえば、『後拾遺和歌集』三例、『千載和歌集』五例、『新古今和歌集』一例見られる。また、「近江」（「近江の海」を含む）も『万葉集』から詠み込まれ、勅撰集での初出は、『古今和歌集』（三例）である。その後、『後撰和歌集』六例、『拾遺和歌集』三例、『後拾遺和歌集』三例、『金葉和歌集』三例、『千載和歌集』二例、『新古今和歌集』一例見られる。

（18）三巻本には「近江の湖に」とあり、その場合は伊勢大輔の歌を引くと解釈される。（石川徹『校注夜半の寝覚』武蔵野書院　一九八一年）

（19）『源氏物語』総角巻には、「宮は、あふみの海の心地して、をちかた人の恨みいかにとのみ御心そらなり」（⑤二九三頁）という文があり、この「あふみの海」は和歌的発想により、「見る目がない」意味を引き出している。しかしこれは、この場面自体が宇治川であるといった地理的必然性がある。また、散文作品にこのような表現が見受けられたとしても、他作品の和歌にこれを当てはめることは、やはり危険であろう。また、「志賀の浦」と「近江の海」を別とする根拠にもなり得ない。

（20）ちなみに、現存『とりかへばや』には、「志賀の浦」の語がもう一度出現する箇所がある。「昔、志賀の浦頼めたまひし夜のこと思し出でられて、ものあはれに思さるるぞ」（巻四　五〇五頁）。これは、大納言（宰相中将）がこの尚侍に言い寄った夜を回想したものであって、ここにおける「志賀の浦」は当該場面からの引用といえる。また『夜の寝覚』においても、「志賀の浦」はもう一例見られる。「ほととぎすあはれ知る音に志賀の浦のなみだにいとどまよひぬるかな」（巻二　一三〇頁）。これは、寝覚の男君が中の君（寝覚の上）を思って詠んだ歌であり、この「志賀の浦」は、中の君が滞在し、男君が赴いた「石山」から引き出されたものである。したがって、当該場面とは趣を異にした例といえるため、ここでは問題にしない。

（21）前後との関連から、元々石山方面に向かう予定であったとは考えにくい。なお、石山に向かった主体を『馬内侍集注釈』（竹鼻績　貴重本刊行会　一九九八年）は「男」とし、『中古歌仙集』（高橋由記　明治書院　二〇〇四年）は馬内侍と解する。

（22）『中古歌仙集』は、「「志賀の浦」が何を意味するかはっきりしない」としながら、『夜の寝覚』・『とりかへばや』ともに、

「後の逢瀬を期待させる内容の引歌があったと思われる」と述べる。

（23）　竹鼻氏はこの「志賀の浦」を、『夜の寝覚』と同じく「けふ別れあすはあふみと思へども夜やふけぬらん袖の露けき」（『古今和歌集』巻八・離別・三六九・紀利貞）に依拠し読み替えたものとするが、このような変換はここでは唐突である。ここでは「志賀の浦」＝「あふみ」で、「逢ふ」意を響かせたと見るので充分なのではあるまいか。

（24）　代表的な例を次に挙げる。

宮にはじめてまゐりたりしに、祭主輔親がむすめたいふといふ人を、いださせ給ひたりしと、物語などして、局におりて、たいふのもとに

おもはんとおもひし人とおもひしにおもひし事もおもほゆるかな

返し

君をわがおもはざりせばわれをきみおもはんとしもおもはましやは

天暦のみかどわすれぬるかとのたまはせたりければ

（『和泉式部続集』二八〜二九）

女御徽子女王

わすられずおもはましかばわすれぬをわするる物とおもはましやは

御返し

天暦御製

わするらんことをばいさやしらねどもとはぬやそれとひしばかりぞ

（『玉葉和歌集』巻十一・恋三・一六〇七〜一六〇八）

この二例において、「ましやは」は前にある相手のことばならびに歌を受けて、切り返す時に使用される。ここでは仮定条件が生き、こうして相手を揶揄するのである。

（25）　妹尾好信『『御堂関白集』読解考—第一歌群・寛弘元年詠の部」（『国文学研究資料館紀要』二六　二〇〇〇年三月）

（26）　この「ましやは」に関し、『御堂関白集』諸本での異同は見られないものの（妹尾好信『『御堂関白集』校本稿」（『調査研究報告』二一　二〇〇〇年九月））、『万代和歌集』（巻四・秋上・八八四）、『夫木和歌抄』（巻十一・秋二・四四五八）、『玉葉和歌集』（巻十二・恋四・一六四九）に載る同歌は、いずれも「ましかば」とある。この場合、後に「うれしからま

し」などの語が続くものとして解しやすくなる。現存『とりかへばや』当該歌もまた、そこに異同はないものの（鈴木弘道『とりかへばや物語：本文と校異』（大学堂書店　一九七八年））、「ましかば」とあった可能性もあるといえるが、ここでは底本に従う。
(27)　竹鼻氏注（21）に同じ。
(28)　『夜の寝覚』からの影響を指摘した論としては、森下純昭「『とりかへばや』の主人公と主題―作中歌・引歌と「夜の寝覚」との関係から」（『岐阜大学国語国文学』一八　一九八七年三月）、辛島正雄「『今とりかへばや』序説―古本からの飛翔―」（注（5）に同じ）などがある。
(29)　河添房江「引歌―源氏物語の位相」（『和歌文学の世界』第一〇集　笠間書院　一九八六年）なお、その上で河添氏は、「共同性への再帰に深く棹さしながら〝変形〟する引歌表現のあり方を論ずる。
(30)　鈴木日出男「物語の和歌・引歌・歌言葉」（『国文学』三七―四　一九九二年四月）
(31)　辛島氏注（5）に同じ。
(32)　辛島正雄「『とりかへばや物語』と『源氏物語』―〈物語取り〉の一側面―」（『文学研究』八〇　一九八三年二月／『今とりかへばや』における源氏物語摂取（その二）」『中世王朝物語史論』上　笠間書院　二〇〇一年　所収）
(33)　神田龍身「物語文学と分身（ドッペルゲンガー）―『木幡の時雨』から『とりかへばや』へ」（『方法としての境界』新曜社　一九九一年／「分身、交換の論理―『木幡の時雨』『とりかへばや』―」『物語文学、その解体―『源氏物語』「宇治十帖」以降』有精堂　一九九二年　所収）
(34)　ここでは、宰相中将という男の恋物語への茶化しという点において、『とりかへばや』のアイロニーを指摘したい。
(35)　伊井春樹「『浜松中納言物語』と『夜の寝覚』の引歌」（『平安後期物語と歴史物語』一九八二年／『源氏物語論とその研究世界』風間書房　二〇〇二年　所収）
(36)　河添氏注（29）に同じ。

第二章　『とりかへばや』の引歌表現に見られる諧謔性

——宰相中将における変奏をめぐって——

一、はじめに

現存『とりかへばや』の用いる引歌表現の多くは、先行物語に既出であり、つとに人口に膾炙して、半ば慣用的な表現となっていたものだということが出来る。現在までに指摘されるこの物語の引歌の典拠の約半数は『古今和歌集』所載歌であり、そこから二十首以上の差で『古今和歌六帖』がこれに次ぎ、以下『源氏物語』、『拾遺和歌集』、『後撰和歌集』等が順に続く。つまり、ほとんどの典拠と、十二世紀後半以降の成立と目される物語との間には時代的懸隔が認められるわけだ。こうした偏向は、この物語が独自の引歌表現を案出するよりも、既に先行物語に摂取された周知の表現を、積極的に採用する傾向にあることを示唆する。

このような引歌表現利用のあり方を、今井源衛氏は「先行物語からの盗用」と説明するが(1)、この傾向自体は何も『とりかへばや』に限ったものではない。『夜の寝覚』等の平安後期物語においてもまた、『源氏物語』に登場した引歌表現を継承、流用することで『源氏』を通したイメージを附与し、表現効果の奥行きを拡げるという重層的な引歌表現利用の手法が確認される。(2)さらに、時代も下り中世に及べば、一部の引歌表現の利用法はパターン化し、先行物語に倣った類型的表現ともなっていく。ために、『とりかへばや』の引歌表現利用のあり方も、一見、上記のような前例に則った慣例的用法のようにも映るだろう。今井氏の「盗用」との見解も、こうした認識によるものだといえる。

だが、筆者はここに疑問を抱かざるを得ない。なぜなら、「踏襲」乃至「類型」とは断じ得ないほどに、『とりかへばや』の各引歌表現の内実は、先行のものから変質、変容を遂げていると考えられるからである。というのも、『とりかへばや』の文脈上において各引歌表現が担った機能を、注意深く先行例のそれに照らし合わせると、たしかな差異が見出される事例が存在するのだ。(3)この事象は、『とりかへばや』が、平安後期物語に見受けられた、先行物語の用法に同調し、深化させていくような技巧とも、また、慣用的な類型表現とも異質な、この物語固有の手法を用いていることを指し示すものだといえよう。

そして、こうした用法が一際顕著に現れてくるのが、宰相中将(4)にまつわる引歌表現なのである。彼に関わって用いられる引歌表現の総数は主人公といえる男装の女君に次いで多く、また後に続く四の君との差は二十箇所にも及ぶことから、他の人物に比して彼には引歌表現が多用されていることが看取される。それらの大半は彼の恋心を描出したものだが、その利用法において、上に述べた先行作品からの踏襲、変容の問題が集中的に生じているのだ。

そもそもこの宰相中将とは、いかなる人物として位置づけられているだろうか。端的にいえば、彼は、男装の女君ならびにその妻四の君と関係することで、女君に女としての辛酸を嘗めさせた「色好み」の男である。その点から早くより匂宮の影響が指摘されるが、(5)安田真一氏はさらにそこを押し進めて、「〈普通〉の姫君」ではない女君に対して、彼自身は先行物語の男達に連なる「〈普通の〉男／女関係」に生きる存在であると規定し、(6)中島正二氏も安田氏の論を受けて、宰相中将の色好みに先行物語に通じる「主人公性」を認める。(7) また、久保堅一氏は、彼の女君に対する執着を、薫における執着の継承と見ている。(8) つまるところ、異性装のきょうだいとは異なり、宰相中将は先行物語の男達の論理を継承、反映した面の強い人物として理解されるのである。

そして、右のような側面を、彼の恋を描出する様々な引歌表現のあり方は強調するかのようにも見えよう。宰相中将の恋を彩る引歌表現の大部分は、既に先行作品にも利用された周知のものである。それはすなわち、先行の男達の恋の文脈を表現上踏襲した形で、彼の恋心が語られていることを意味する。この類似点のみに目をやるなら、宰相中将の恋は引歌表現を通じて、あたかも先行物語の男達の恋の情熱および懊悩に同調、同化する形で語られているようにも感じられよう。

ところが、それらの表現が据えられた各文脈の相違に着目すると、『とりかへばや』における引歌表現の機能が、右のごとき同調、同化とも異なったものであることに気づかされる。なぜなら、後に詳述する通り、先蹤に倣った言い回しにも見えた表現は、宰相中将の恋の文脈にはめこまれた途端たちまちに変容し、その結果、各引歌表現が従来持ち得た恋のイメージはずらされてしまうからである。そして、結論を先取りすれば、この「ズレ」こそが、引歌表現が描いてきた先行物語の世界を覆し、代わって新たに諧謔味を帯びた世界を現出させることになるのだ。

こうした引歌利用のあり方は、『とりかへばや』特有ともいえる先行作品摂取の方法の一端を窺知させるのではなかろうか。それは、先行作品世界への同調、同化を目的とするものとは一線を画した、先行世界の反転あるいは転回を企図した手法である。

以下、宰相中将の恋にまつわる引歌表現を取り上げ、それら表現の各文脈上の機能を明らかにすることを通して、従来あまり論じられることのなかった『とりかへばや』における引歌表現利用の特異性を詳らかにしていく。その上で、この物語の先行作品摂取の様相を探り出したい。

二、読み替えによる「二心」の描出

かくのみ思ひわび、ひとつ心にあはれを知る方とても、かたみに心のみこそ通へ、わりなき人目の関を、あながちに憚らず見聞きつけたらんも、なのめならずいとほしう恥づかしかるべければ、かたみにいみじうつつみたまふほどに、あひ見ることは夢よりもげにいとはかなく難し。

いま一方はた、すかし出だされにし後、今はいよいよもて離れつれなきに、まことに枕よりあとより恋のせめくる心地して、左右の袖を濡らしわびつつは、かたがたの形見と、中納言のいと見まほしかりければ、すずろなるやうなりともいかがはせんと思ひておはしたれば、「出でさせたまひぬ」とて、なし。　（巻二　二七〇頁）

右は、四の君と尚侍（男君）という二人の女への、儘ならぬ恋に煩悶する宰相中将の心の叙述である。その中にあって傍線部の表現は、彼の恋の苦しみを描く上で重要な役割を担う。では、この「枕よりあとより恋のせめくる心地」、「左右の袖を濡らしわびつつ」の両引歌表現は、この文脈上において、具体的にどのような恋心を描出しているのだろうか。

1　枕よりあとより恋のせめくる心地

まず一つ目にあたる「枕よりあとより恋のせめくる心地」とは、

枕よりあとよりこひのせめくればせむ方なみぞとこなかにをる

（『古今和歌集』巻十九・雑体・一〇二三・よみ人知らず）

に拠った表現だが、この『古今集』歌は、頭の方からも足の方からも恋が迫ってくると、恋の思いに責め苛まれた心理状況を詠み上げている。「枕」と「あと」という二種の語を用いてはいても、この根底にあるのは勿論ただ一人の相手への恋情なのである。そして、『とりかへばや』以前の物語作品においても、この歌を引き、恋心を描出した表現は以下のごとく、しばしば登場する。

我が心にだに、ただ今他事なくしみかへり、あとより恋のせめくる心地する人のことを、

（『夜の寝覚』巻一　四四頁）

深くたのみ聞こえ給へる人をさへ、むなしう聞きなしつる口惜しさは、枕よりあとより恋の責め来る心地して、

（『浜松中納言物語』巻二　一四〇頁）

人知らば消ちもしつべき思ひさへ後枕ともせむる頃かな

（『狭衣物語』巻二①一九三〜一九四頁）

右の傍線部は、当該の『とりかへばや』の引歌表現に表現上通じるものだが、これらは共通して、一人の人物への激しい恋心を表す。まず『夜の寝覚』の例が描くのは寝覚男君の寝覚の上に対する思いであり、ここにおける引歌表現は彼女に向けた男君の熱烈な恋情を表している。次の『浜松中納言物語』にしても、対象はやはり一人の女だ。中

納言は唐后に思いを寄せてはいるとはいえ、当該箇所に「さへ」の語でもって強調されるのは、尼となった大君への恋心なのであって、傍線部の表現は大君への思いが、と解すべきところである。そして、『狭衣物語』の例もまた同様といえる。この狭衣の歌の眼目は女二の宮への執心であり、源氏の宮への恋は前提として存在はするものの、「さへ」の語が、さらに女二の宮への思いまでがとの意を引き出している。その上で「跡枕とも責むる」という措辞は、女二の宮に対する激情を効果的に表すものとして利用されているのだ。

この通り、当該の『古今集』歌に拠った引歌表現の先行例は、ある一人の女に対する男の激しい恋情を描き出すものであった。こうした発想は、元の『古今集』歌の歌意を考えれば当然であり、極めて自然な用法といえよう。

一方、『とりかへばや』の場合はどうだろうか。諸注釈書は傍線部「枕よりあとより」の引歌表現を、先行例と同様、古歌の意味をそのまま踏み、宰相中将の恋の激情を表すものとのみ解している。(9) しかし、『とりかへばや』におけるこの表現は、前引の文脈にはめこまれるやいなや、先行例が描いたものとは別の、もう一つの意味を含むものへと変容を遂げているのである。

具体的に「枕よりあとより恋のせめくる心地」という表現に至るまでの流れを確認したい。最初に登場する「ひとつ心にあはれを知る方」とは四の君のことを指す。まずは彼女との逢瀬の困難が「夢よりもげにいとはかなく難し」と結ばれるまで語られるわけだが、その一方で、そこに加え、並列される形で「いま一方」すなわち尚侍の話題に及び、今度は彼女のつれなさが表現されて、「まことに」以下の引歌表現に繋がっていく。見ての通り、ここに先行例に確認された「さへ」の語はない。どちらか一方が強調されることもないまま、宰相中将は、四の君と尚侍という二人の女に対する恋を嘆く。つまり、「二心」が明示されているのである。(10) さらに、傍線部表現に隣接した「かたがたの形見」という言辞からも、星山健氏が「二者一対」とする宰相中将の「二心」は認められるのだ。当該引歌表現に続く「左右の袖」との言い回しは、次項において詳述するが、既に指摘のあるごとく[11]四の君と尚侍の二人を同時に慕う彼の「二心」を表すものと判断できる。ならば、それに加えてこの「枕よりあとより」の語もまた、同じく彼の多情さを示唆した表現と見るべきではあるまいか。彼は二人に対する恋心で「枕よりあとより恋のせめくる心地」がして、「左右の袖を濡らしわ」ぶ。とすれば、二人への恋情と嘆きを受けるのは、何も「左右の袖」の語だけではない。よって、ここにおける「枕よりあとより」とは、一人への思いが「枕より」、もう一人への思いが「あとより」という意に解さねばならないだろう。

ちなみに、「枕よりあとより」の表現が、二種類の心情を指し示す例は、後代の物語である『我身にたどる姫君』に見出せる。

ふたみちに物おもふ時は枕よりあとよりうたて身をせむるかな　（巻三　五九頁）

この場合の「枕よりあとより」は、点線部に「ふたみち」と明記される以上、思いの一方が「枕より」、もう一方が「あとより」という解釈が可能であり[12]、『とりかへばや』はこうした発想の先蹤と考えられよう。

現存『とりかへばや』は、「枕よりあとより恋のせめくる心地」の表現に、古歌本来、ならびに先行作品の意味合いから「ズレ」た、男の「二心」の意を込める。そうして同表現が描いてきた激しい恋心の世界に、新たに「二心」の描写を添わせているのだ。換言すると、ここに確認されるのは、激情と多情の二重の意味を想起させる構造である。この構造は、身を責め苛むほどの男の激情を表層ではなぞりつつも、実際は二人の女に心を分けるものであることを暴き出していく。情熱ゆえと思われた彼の苦しみは、実は多情さゆえというわけである。したがって、当該の激情と多情の二重性を表す構造は、結果的にこの引歌表現が従来担ってきたはずの一途な男の恋のイメージを一転させ、これを形骸化してしまうことになるといえよう。

2　左右の袖を濡らしわびつつ

つづいて「左右の袖を濡らしわびつつ」である。この表現は、

うしとのみひとへにものは思ほえでひだりみぎにもぬるる袖かな

（『源氏物語』須磨巻②二〇三頁）

を踏むが、前引の文脈では先に述べた通り「左右の袖は、四の君を思う気持ちと尚侍を思う気持ちとの二つをさす」（『学術文庫』）ものとして解釈できるために、その意味で『源氏物語』の右の歌自体と違いを生じさせる。つまり、星山健氏も指摘するごとく、「「左右の袖」が濡れるということの意味するものが、両者の間で大きく異なる」わけである。(13)

『源氏物語』の歌は、須磨の源氏が都の朱雀帝を思い詠んだもので、兄に対しては「憂し」とひたすらに思うことも出来ず、懐かしさとつらさで「ひだりみぎ」の「袖」を濡らすの意。ゆえに、「左右の袖」を濡らすものは、兄への二種の感情となる。一方、『とりかへばや』の場合、袖を濡らしているのは二人の女に対する恋心であるから、両例の指示する対象ならびに内容は相違する。

「左右の袖」という表現の希少性に鑑みれば、両者の影響関係の蓋然性は高くなるものの、一方でこの相違は看過できない。やはり当該引歌表現は、源氏歌からの直接的引用と考えるよりも、発想の転換の契機ともなった先蹤の存

在を想定すべきではあるまいか。そこで、他作品における「左右の袖」の表現を検討していく。[14]

袖の上は左も右もくちはてて恋はしのばん方なかりけり
（『拾遺愚草』初学百首・「恋廿首」・六二）

たしかに、前代および同時代の散文作品中に近似の例は見出せないものの、和歌作品においては右のごとき注目すべき例が確認される。これは、藤原定家初期の詠作「初学百首」（養和元年）に収められた歌であるが、傍線部に「左」「右」の「袖」の語が現れる。これも典拠は同じく『源氏物語』に求められるはずだが、その上で注意すべきは「左右の袖」が表す内実なのだ。この定家の歌は、「左」と「右」の袖をそれぞれ濡らす二人の女性への恋情を歌うわけでも、また二種類の異なる心情を表すわけでもない。[15]恋に流す涙が袖を朽ちさせる発想から「左右の袖」をも朽ちさせるほど大量の涙をイメージさせ、一人の女に恋する思いの強さ、激しさを歌い上げている。すなわち、定家は源氏歌を踏まえつつも、それを熱烈な恋の歌に詠み替えたわけである。そして、定家以降の歌には、一人の女への恋を表す次のような「左右の袖」の歌が散見するようになる。

うしと思ふものからぬるるそでのうらひだりみぎにもなみやたつらむ
（『新勅撰和歌集』巻十四・恋四・八九七・道家）

わが袖のひだりもみぎもぬれながらなどかたこひの涙なるらん
（『新撰和歌六帖』「かたこひ」・一二三〇）

これらは、『源氏物語』の歌の趣向を残すもの、定家の歌のほぼ同発想のものと違いはあるものの、その表すところは、一人の女への恋心、激情であることは共通している。こうした詠みぶりは、とりもなおさず源氏の歌の享受の様相を窺わせせよう。

となれば、恋の文脈における『とりかへばや』の当該表現は、前引定家歌の発想を経由したものとして解釈すべきではあるまいか。これは、『とりかへばや』の成立時期とも深く関わる問題だが、「左右の袖」の語を恋の文脈に用いる発想は、源氏の歌自体よりも、右の定家歌を思わせ、同歌を経た表現と解した方が文意は明確になる。恋の文脈における同語は、一人の女への激しい恋心を描出するものとして定着していったのだ。つまりこれは、前項の「枕よりあとより」と同工の表現といえよう。(16)「左右の袖」を濡らす恋というのは、同時代以降の人々にこうした恋のイメージを伴って享受されたわけである。

さらに、そこから『とりかへばや』は、定家歌とも異なって、男の「二心」を表した文脈上にこの語を据えたわけだ。ために、ここでも「激しい恋心」と「二心」という二重の読みが派生する。つまり、「左右の袖」は、宰相中将の恋を同時代に共有されたイメージに則り、両袖を濡らすほどの激しさと表現しながらも、文脈上で「左」と「右」の語により二人の女の存在を示唆し、男の「二心」を前景化する、という先の「枕よりあとより」と同様の、二重の表現構造を有しているのである。(17)

したがって、当該の「まことに枕よりあとより恋のせめくる心地して、左右の袖を濡らしわびつつ」とは、表層では激しく狂おしい情熱を語りつつも、その実、両表現の意味領域の可能性を拡げ、「二者一対」の意にすり替えることで、二人の女に心を分ける彼の「二心」を顕わにする修辞と判断される。すなわち、この二つの引歌表現は、激情と多情の、二重の世界を築く技法であったのだ。そうして、二重の意味を想起させる修辞構造は、情熱ゆえと思われた彼の恋の苦悩を、実のところは、二人の女に心を分けた自らの多情さゆえの苦しみだと揶揄する。両引歌表現が描いてきた既成のイメージは、ここにおいて覆され、それらは諧謔味を帯びた表現へと変質しているのである。

三、先行物語のイメージからのずらし

宰相は、うち別れぬれば、いみじき文書きをしつつ、打つ墨縄にはあらず、ともすればこの女君に、我に気色見るたび見せぬたびさし交じりつつ、うらなくだにあらず、忍びまぎるる気色を見るに、このほどもまたただならずなりにたるを、かうのみあまたになりにたる契りのほどをあさからず知らるるなるべしと見るに、類なく一筋ならん心ざしにてだに、かばかりのわが身のおぼえ官位を捨てて深き山に跡絶えなんは、後の世の思ひやり頼もしきに、この世は代へつることにてもそは悔しかるべきやうなし、人柄のをかしうなまめきたることこそ人にことなれ、かばかりの人に身をまかせて入り居なんわが身の契りはいと飽かぬことなるべきを、

（巻二　二九六～二九七頁）

宰相中将との子を身籠った女君は、彼に妊娠を告白し、今後を相談する。宰相中将は、対面時こそ涙を流して彼女を慰めるものの、別れ別れになれば、結局もう一人の女、四の君との交際を続け、「打つ墨縄」ではないという。右の傍線部「打つ墨縄」と「一筋」とは、

人まろ

とにかくに物はおもはずひだたくみうつすみなはのただひとすぢに

『拾遺和歌集』巻十五・恋五・九九〇）

に基づく表現であるが、ここでは点線部のごとく否定的に引用されている。一筋に相手を思うとの歌意を響かせながらも、それをあっさりと打ち消すことで浮き彫りとなる宰相中将のあだなる心。彼の不実性は重ねて印象づけられている。

なお、右の歌の否定的引用「打つ墨縄にあらず」という言い回しには、次のような注目すべき先行例が『浜松中納言物語』に確認される。

わが御心も、いまめかしう、いかにも、あたらしう御心移るべかめる御癖の、おぼろけならぬ御こころざしにこそは、と見知る心はさまざまなるに、行く手におぼし棄ててあらば、心やすく心にまかするかたはありとも、また、いかに心苦しからましなど、かたがたに思ひつづけられて、打つ墨縄にあらぬぞ苦しかりけるに、年もはかなくかへりぬ。（巻五　四五〇頁）

これは、物語末部における中納言の心情を表したものだが、この点から西本寮子氏は、「先行物語からの引用が「方法」として選ばれている実態」を考えれば、『とりかへばや』当該表現は「直接の下敷きを『浜松中納言物語』と見る方が自然」とする。(18) けれども、この二つの物語の間には、その表現上の類似にもかかわらず、直ちに影響関係を認めることが躊躇される意味上の差異が存在すると考えねばなるまい。

なぜなら、『浜松中納言物語』の前引箇所に語られるのは、決してあだなる心ではないからである。あれこれ先々を憂慮して、ただ吉野の姫君を思うばかりにはいかない苦しみと逡巡。それが「打つ墨縄にあらぬ」により描出されているわけであって、両物語での同表現の利用法は一線を画している。さりとて、『浜松中納言物語』からの『とりかへばや』への影響は、西本氏も指摘するように深浅様々見受けられ、(19) かつ、他に当該歌のこうした形での否定的引用の類例が見られない点から、この差異によってすぐさま両者を無関係と断ずることも出来まい。重要なのはむしろ、その差異が孕む意味なのである。

そこで、右の問題を考えるべく改めて典拠となる『拾遺集』歌を確認すると、何より注視すべきは上句の表現「とにかくに物はおもはず」だということがわかる。この「とにかくに」は具体的なものを指示せず、様々に乱れる物思いを表し、それが「おもはず」の語で打ち消されることで、色々に押し寄せる思惑、懸念を取り払い、あなたへの思いだけを心中に残すといった宣言となっている。したがって、逆説的にいえば、「一筋」に思いを貫くのを妨げる障害は、自身の千々に乱れる憂いの念となるわけだ。ゆえに、ここでの「一筋」の対語は、「二心」よりもむしろ、様々な思いに捕われた「逡巡」が想定される。要するに、当該歌自体の発想は、「二心」の概念とは次元を異にするのである。

となれば、『浜松中納言物語』における「打つ墨縄」は、まさにこの歌の趣旨を正統に継承したものと考えられる。前引場面波線部は、直前の文脈を受けつつも、歌の上句を反転させた「とにかくに物を思ふ」状態を示す。元来の『拾遺集』歌の意味に照らし合わせれば、「打つ墨縄にあらぬ」という否定的引用が「逡巡」の意を引き出すことは当然の発想といえるのだ。ちなみに、『拾遺集』と同時代のものとしては、『拾遺愚草』に、

ひだたくみうつすみなはを心にて猶とにかくに君をこそ思へ　　（『拾遺愚草』恋・二五七九）

という歌が「かたおもひ」を題として収録されているものの、これもまた本歌の「とにかくに」の意をそのまま採用して、様々な障害を越えて一途に相手を思う片思いを表象している。「一筋」の対語はここでも「二心」ではないと考えられよう。

ところが、『とりかへばや』における「打つ墨縄」の用法は、「一筋」を妨げるものを、従来の「逡巡」から、他の女への恋、要は「二心」へとすり替える。他作品の「とにかくに」が具体的な何かを提示しないのに対して、この物語は、「とにかくに」を一人の女ともう一人の女、という並立関係を示唆するものとして言外に響かせる。結局、宰相中将にとっての「一筋」への障害とは、自身の「二心」に他ならないというわけだ。[20]

いい換えれば、『浜松中納言物語』と『とりかへばや』との間に認められるこの表現上の類似と意味上の差異こそが、『とりかへばや』の眼目であったと判断できる。つまり、同種の表現を用いる両者間の相違は、そのまま両者の無関係性を意味するのではなく、『とりかへばや』による『浜松中納言物語』の用語の変奏を表しているのである。そして、この変奏は両作品間における落差、すなわち様々な障害に思い悩む『浜松中納言物語』の男像と、自らの「二心」に乱れる宰相中将との「ズレ」を浮き彫りにする。この「ズレ」は、情熱的な恋に燃える宰相中将を、自身の「二心」という障害から恋を一途に貫き得ない男として位置づけ戯画化しつつ、彼のあだなる心を明示、強調するのである。

『とりかへばや』において「打つ墨縄に」「あらず」の語は、男の恋に対する皮肉に満ちた修辞へと変貌した。引歌表現が先行物語に描いた、従来の男の憂えるイメージはすり替えられ、さらに、そこに生じた「ズレ」は両者の落差を浮き立たせる。そうして宰相中将の恋は揶揄されていくのである。この引歌表現利用に現れるのは、先行作品が築いた既成のイメージを逆手に取った、『とりかへばや』の茶化しの技法といえよう。

四、宰相中将の沈黙

最後に、宰相中将の恋の描写における引歌表現の効能の問題を考える上で、見過ごせないものとなる次のくだりを確認したい。というのも、宰相中将最大の窮地であるはずの左記の場面において、引歌表現ひいては和歌的世界は、すっかり効力を失ってしまっているのだ。

昔よりよしなきことどもを思ひしはものにもあらざりけり、すきずきしくよろづに色めきて、果てはかくわびしく身をせむるやうにかなしきことを思ひ嘆きて明け暮るるよ、若君の御顔ばかりに命をかけて、いますこし涙流れまさりける。

ことのよろしき時やあはれなる歌なども詠み思ひ続けらるるにこそありけれ、思へば胸くだけて、いみじく苦しく思し知らるるほどに、

（巻三　三九四〜三九五頁）

右は、女君失踪の事実を宇治に戻り初めて知った宰相中将の嘆きの条に当たる。彼は女君の失踪の原因を、誠実さを欠いた自らの迂闊な行動に見て激しく後悔する。その自省と悲嘆は長々語られるものの、そこに引歌を用いた表現は見られない。これまで宰相中将の恋の苦悩の描写には幾度も引歌表現が登場してきたにもかかわらず、未曾有の苦しみとして位置づけられる同箇所では、かえって、そうした修辞が姿を消してしまうのである。

伊井春樹氏は、『源氏物語』における引歌表現を論じるにあたり「物語に登場する人物たち」は、「和歌」、「歌こと

ば」および「古歌」を利用し「心の内を吐露し、悲しみを慰謝するよりどころ」としたと述べた上で、紫の上が晩年に「もはや古歌を用いた苦しみも、悲しみも表現」せずに「沈黙」したことを指摘し、「自らを慰撫する手段にして用いてきたもの」すら「放棄」してしまったとする。[21] この伊井氏の論に鑑みれば、『とりかへばや』の宰相中将もまた、女君喪失の衝撃を前に和歌的世界において「沈黙」したと理解される。

ならば、この「沈黙」は何を意味しているのか。恋における彼の苦悩は、これまで様々な引歌表現に擬えられて描かれてきた。ところが、もはや我が物と慢心していた女君を思わぬ形で失い、またそれが自らのあだなる心が引き起こした末路であったと気づいたとき、彼はその擬えるべき和歌的世界をも失った状態に陥ってしまうのである。この時点の宰相中将の「沈黙」は、紫の上のような「放棄」というよりも「喪失」とでもいえようか。なお、前引箇所の傍線部は極めて重要な意味を持つ。なぜなら、これは、歌に悲しみを託すことも不可能な宰相中将のさまを表して、予想外の衝撃を味わった彼の衝撃の深さを強調するが、同時にこの時彼が、自身の苦しみを投影すべき和歌的世界をも「喪失」していることを示唆するからである。翻って、このくだりは、和歌的世界に投影することの可能であったこれまでの苦悩を、「ことのよろしき時」のものとして相対化してしまうのだ。真の苦痛の前で彼は絶句するしかない。ここでは、和歌的世界自体が力を失っている。

宰相中将の嘆きの甚だしさに反比例するかのように、鳴りをひそめる和歌的世界。この事象こそ、『とりかへばや』の宰相中将に関わった引歌表現利用のあり方が、先行物語に見られたごとき、同化あるいは深化を企図した用法とは一線を画すことの証左となろう。宰相中将にとって、最大の苦難、苦悩が訪れたはずの当該場面において、和歌的世界を利用した心情の発露および「共感」の道は閉ざされている。[22] これは引歌表現のみならず和歌的世界の形骸化に他ならない。このように宰相中将は女君の失踪に打ちのめされて今まで自らの苦悩を擬えてきた和歌的世界を失った後には、四の君にも音信せずひたすら宇治に籠り、一時期物語から退場してしまうのであった。

五、おわりに

宰相中将が再び姿を現すのは、女君と男君の入れ替え完了後のことだ。「沈黙」を続けた彼ではあったが、大将（実は男君）の出現の噂を聞くや京へと舞い戻り、と同時に引歌表現の利用も復活する。[23]再び表舞台に姿を現した宰相中将は、今大将を女君と信じて後を追いつつ、苦しい思いを訴えるべく画策するが、その恋情は歌に詠まれ、また行動と思惑は、引歌および歌語表現でもって再び描かれるのである。だが、復活後の引歌表現にも、やはり前述のごとき特質が確認される。例えば『古今集』所載の、

わが心なぐさめかねつさらしなやをばすて山にてる月を見て

（『古今和歌集』巻十七・雑上・八七八・よみ人知らず）

という歌を踏み、多くの先行物語において、他では慰められない、一人の女への一途な恋心を表してきた引歌表現「姥捨山の月」の用法である。[24]

見し人にはあらざりけりと思すにぞなほ飽かずかなしくて、人を見たまふにつけても、姨捨山の月見けん人の心地すれど、人柄有様の、いと思ふさまにらうたく子めかしう心うつくしげなるさまなどにぞ、例の月草の移りや

すさは、さまざまなりし古りにし恋どももも、忘るとなけれど半らすぎもの思ひ慰みぬる心地して、（巻四　四九三～四九四頁）

右の傍線部には、先蹤に倣うかのごとく、宰相中将の女君への執心が込められている。しかしその一方で、同時に波線部において、吉野の中の君により早速半分以上も慰められたことが語られるのだ。しかも、それは「例の月草の」心ゆえ。再び彼のあだ心は印象づけられている。こうした先行物語との落差[25]は、彼の多情性を強調する。結局、宰相中将の恋における引歌利用の復活は、引歌の描いた世界の形骸化をも伴っているのである。

以上のごとく、宰相中将の恋にまつわる引歌表現とその用法を検討してきたわけだが、そこから確認されたのは、既成の表現を変奏することで、先行作品によって築かれた引歌への共通理解を逆手にとって、それを覆し、彼の「二心」を顕現化するという『とりかへばや』独自の用法である。彼の恋の文脈上に据えられた各引歌表現はたちまちに、従来共有されてきたはずの真摯な恋心のイメージを反転させ、男の「二心」を示唆、あるいは強調するという諧謔味を帯びた表現へと変質する。そうして、そこに生じた先行作品との落差は、宰相中将の「あだなる心」を浮き彫りにし、それを揶揄してみせるのだった。

いわば、『とりかへばや』は先行作品に既出の引歌表現を、その表現世界への共鳴あるいはその世界の深化、またはそれを踏襲した類型といった意味とは異質な意識のもとに用いている。先行作品によって築かれたイメージを逆手にとる形で、同表現に新たに諧謔性を附与するのだ。そうした引歌表現利用でもって宰相中将は、一見先行物語の男達の論理をなぞり継承するかのようでいて、先行の男達には見られない形でその情熱の裏の多情性を前景化させる人物として戯画的に描かれるのである。

　このように『とりかへばや』における引歌表現の利用法には、先行作品の言葉を摂取しながらも変奏し、その言葉が描いてきた世界を変容させたものが認められる。これらの引歌表現の利用のあり方から看取されるのは、先行の王朝文学を言葉の上でのみ摂取し、表層では踏襲しながらも、一方でその表現世界を諧謔的なものにすり替え、相対化していくという『とりかへばや』の先行作品受容の特質である。

注

（1）『鑑賞日本古典文学』（角川書店　一九七六年）
（2）本書Ⅰ第一章参照。
（3）なお、『とりかへばや』の引歌表現の用法に論及して、横溝博氏は、『とりかへばや』の「末の松山」という表現が、『源氏物語』の場合に比して「、「多分に諧謔味を帯びたもの」に「変化」していることを指摘している（「『いはでしのぶ』の「末の松山」引用をめぐる試論—表現史における位相と諧謔性の胚胎について—」（『国文学研究』一四三　二〇〇四年六月））。また、本書Ⅰ第一章は、歌を下敷きとした「志賀の浦」の語に着目し、先行物語の用法を逆手にとり変容させた『とりかへばや』の先行作品受容の手法を論じた。
（4）本章では、便宜上、宮の宰相の呼称は、宰相中将に統一する。
（5）藤岡作太郎『国文学全史　平安朝篇』（東京開成館　一九〇五年）
（6）安田真一「『とりかへばや』宰相中将試論—欲望・恋情・焦り」（『古代文学研究（第二次）』九　二〇〇〇年一〇月）
（7）中島正二「『とりかへばや』の宰相中将に関する若干の考察」（『中世王朝物語の新研究』新典社　二〇〇七年）
（8）久保堅一「『今とりかへばや』宰相中将論—薫の執着の継承—」（『国語と国文学』八八—四　二〇一一年四月）
（9）諸注、「本当に、「枕許からも足許からも」恋が責めてくる気がして」（『鑑賞日本古典文学』）のように訳出し、また、『新編日本古典文学全集』（本書Ⅰ第一章注（13））は、「身の置き所がないほど恋しい気持ちをいう」と説明する。
（10）星山健「『今とりかへばや』宰相中将の恋—〈絶対性の喪失〉と〈作中人物の二者一対的扱われ方〉—」（『宮城学院女

子大学大学院人文学会誌』三　二〇〇二年三月／『王朝物語史論　引用の『源氏物語』』笠間書院　二〇〇八年　所収）

(11)『講談社学術文庫』（本書Ⅰ第一章注（3））、『新日本古典文学大系』（本書Ⅰ第一章注（7））は具体的に「尚侍と四の君」とする。

(12)『我身にたどる姫君』（春秋会　桜楓社　一九八三年）は、「初句、中宮への気がねと女三宮への思いとの二つ」と注している。

(13) 星山氏注(10)に同じ。

(14) 久下裕利氏は、この『とりかへばや』における発想に、散逸物語『袖ぬらす』の主人公宰相中将が、承香殿女御と中納言の君という二人の「女」に対して「左右の袖」を濡らしたものと仮定し、そこからの影響を見る（「宰相中将について―王朝物語官名形象論―」（『論叢狭衣物語3　引用と想像力』新典社　二〇〇二年））。非常に興味深い論であると思われるが、本章では、さしあたり現存作品における「左右の袖」の表現との関係において考えていきたい。

(15)『藤原定家拾遺愚草注釈　初学百首』（近藤潤一・千葉宣一・菱川善夫・山根対助　桜楓社　一九七八年）は、『源氏物語』当該歌の影響を指摘した上で、「定家は、この光源氏の歌の修辞技巧は襲わず、甚だしい涙に朽ちた両袖の形象として転用」し、「涙にくれてひとり交互に袖おしあてる恋人の姿」を詠出したと述べている。

(16)『いはでしのぶ』には、一品の宮への思いに関して、「すぎぬる日かずを思ふに、ひだりもみぎも恋しさの、たえてながらふべき心地もせぬを」（巻二　二五〇頁）という表現がある。ここに「袖」の語はないが、定家歌を踏まえ、「左右の袖」の持つ激しい恋心を想起させる表現なのではないか。

(17) この「左右の袖」は、

（四の君について）さしあたりて見る時は、もとより心ざししみにし方はいと類なくあはれにて、中納言だにさて籠り居たまひなば、この人をも何ごとにかはつつまん、さてこそは見め、と思ふかねごとも、胸つぶれて、うれしういみじきに左右の袖濡るる心地して、（巻二　二九八頁）

にて再出する。この箇所での「左右」とは、四の君と女君であるが、前の例と同じく、「左右の袖濡るる」から激しい恋心をイメージさせて、ここでは点線部より続く四の君への思いを語りつつも、結局は「左右」の語より、二人の女への思いであることを明らかとする表現といえる。また、今回の涙は嬉し涙であることに注意したい。「左右の袖」のイメージは、前場面の用法を受けつつ完全にずらされているのである。

(18) 西本氏（本書Ⅰ第一章注（1））に同じ。

(19) 『浜松中納言物語』の影響を指摘したものは多く、西本氏（本書Ⅰ第一章注（1））の他、近年では星山健氏「まことの契り・まことならぬ契り―『今とりかへばや』における『浜松中納言物語』引用」（『国語と国文学』八六―五　二〇〇九年五月）、辛島正雄氏「それより後の物語は、思へばいとやすかりぬべきものなり」（『源氏物語の展望』第六輯　三弥井書店　二〇〇九年）の論がある。

(20) ちなみに、後代の歌、「ひとすぢに恋ひやわたらんひだたくみうつすみなはのあとにまかせて」（『新撰和歌六帖』一六三三）の詞書は「二なきおもひ」である。ここでは、「一筋」の対語として「二心」が意識されているともいえよう。『とりかへばや』の発想は後代に継承されているのである。

(21) 伊井春樹「源氏物語における引歌表現の効用」（『源氏物語研究集成』九　二〇〇〇年／『源氏物語論とその研究世界』風間書房　二〇〇二年　所収）

(22) ちなみに、ここには女君の歌もない。『新編日本古典文学全集』が、『源氏物語』の浮舟や『狭衣物語』の飛鳥井女のごとき「抒情性」の「排除」を指摘した上で、「女君の造型とかかわるが、物語における和歌の位相を語るものであろう」と述べる通り、当該場面における和歌的世界の排除はたいへん注目される。

(23) 今大将の出現の噂を聞いた彼は混乱し、ひとまず「彼女」を見たいとの欲求に駆られる。その心情を表した「大淀ばかりにてもまづいと見まほしく」（巻三　四一三頁）とは、「大淀の浜に生ふてふみるからに心はなぎぬかたらはねども」（『伊勢物語』七十五段）によった、巻二に既出の引歌表現である。

(24) 先行例としては、

さりとて恋しさのなぐさむやうはなく、いよいよ姨捨山の月を見む心地してかなしきに、

（『浜松中納言物語』巻四　三六〇頁）

今宵もいとさやかにさし出づる月の光、姨捨山の心地して、人やりならず、いみじく物思はし。

（『夜の寝覚』巻一　四一～四二頁）

姨捨山の月見む心地して、月影にいとなまめかしくて、岩の上に寄り居たまへる、（『夜の寝覚』巻五　五四〇頁）

我が心も慰めわびたまひて、なほおのづからの慰めもやと、歩きに心入れたまへど、ほのかなりし御かひなく、辺りに似るものなきにや、姨捨こそいとわりなかりける。

（『狭衣物語』巻一①七二頁）

といったものが挙げられる。傍線部の表現は、『浜松中納言物語』では、中納言の唐后への、『夜の寝覚』では、男君の中の君（寝覚の上）に対しての、そして、『狭衣物語』においては、狭衣の源氏の宮への、他では慰められようもない恋心をそれぞれ描出している。

(25)『狭衣物語』には「姨捨山の月にはあらぬ我が心も」（巻四②三三二頁）という用法も見出せるが、これは源氏の宮の「形代」、宰相の妹君を手に入れた結果である。一方、『とりかへばや』の吉野の中の君は、「形代」的役割を果たすものの、決して女君に似た、完全な「形代」とはいえない。宰相中将の心が慰められたのは、あくまで彼自身の「月草」の心ゆえだと語られるのだ。この差は大きい。なお、当該の『狭衣物語』の例について、『新編日本古典文学全集』（小町谷照彦・後藤祥子　小学館　一九九九―二〇〇一年）は、「姨捨山の月ではないが慰め切れない自分の気持ちも」と、『古今集』歌をそのまま引いたものとして訳している。

第三章　宰相中将の恋
――過剰な「ことばの〈文《あや》〉」の空間――

一、はじめに

前章に引き続いて、宰相中将[1]と、彼にまつわる引歌表現を取り上げる。

前章においても確認したところであるが、宰相中将とは、男女の入れ替えという特異なモチーフを持つ現存『とりかへばや』において、自らは異性装のテーマを担わずに、当代きっての色好みとして登場し、異性装のきょうだいに次いで物語全般を通し活躍する人物である。彼は式部卿の宮の御曹子であり、なおかつ容姿人柄も並ではない貴公子という、物語の男主人公にも通じる設定を持ちながらも、異性装のきょうだいに関わり物語展開の局面に立ち会う中で、三枚目的な色合いの強い人物として描かれる。

また、宮宰相こそ、いと心おくれたれ。さしも深くものをおぼえずは、なでふ、至らぬ隈なき色好めかしさをか好まるる。女中納言とりこめて、今はいかなりとも、と心安く思ひあなづるほど、まづいとわろし。さばかりになりたる身を、さしももてやつして、さるめざましき目を見てあるべしと、何事を思ふべきぞ。また、その後、正しき男になりて出で交ろはむを、女なる四の君だに、『ありしそれとも思はぬは』とこそ詠みたるに、けざやかに、さしも向かひ見る見る、あらぬ人ともいと思ひも分かぬほど、むげに言ふかひなし。

（『無名草子』二四五頁）

右は、現存『とりかへばや』と目される『今とりかへばや』の宰相中将に対する、『無名草子』の評語の一部である。その好色ぶり、身勝手さ、そして後半における入れ替わりに気付かぬ鈍感さ…。様々に彼は「いと心おくれたれ」と手厳しい批判の対象になっている。

『とりかへばや』の持つ、性の入れ替えというモチーフに関して神田龍身氏は、「唯一絶対ともいえる性差の記号性を摘発」することにつながるという点で、「男女の恋物語としてしかあり得ないこれまでの全王朝物語のパロディ、そしてその否定ともなる」とするが、(2) そうした恋物語の〈パロディ〉的要素と、三枚目の貴公子という宰相中将の担う役回りとは切り離せまい。前章でも見てきたように、先行研究において、宰相中将という人物は、先行物語の男主人公像を抱え込み、彼らの「主人公性」を継承しつつも、先行物語の女君から逸脱した男装の女君との関わりの中でそこからずれ、しまいには「心おくれたれ」との印象を持たれるに至る人物とされている。(3)

さて、そのような宰相中将の、恋多き貴公子としての姿を形作る要素の一つとなっているのが、女への恋情を表現するために尽くされることば達であろう。安田真一氏は、宰相中将が相手を口説く際に用いることばの量の「過剰」さに焦点を当て、そうした「過剰に〈ことば〉を尽くしていく」姿勢が先行物語の男君達に通じると論じている。(4) まさに宰相中将は安田氏の指摘するように、多くのことばを畳み掛け、女達に自らの恋情を訴える。その量の過剰さは、色好みの彼の恋の情熱と焦燥感をとりもなおさず表すことになろう。

だが、さらにいえば、宰相中将の情熱的な恋を描き出すために駆使されるのは、彼自身が相手に発したことばだけではない。彼の恋には多くの引歌表現が用いられている。現在指摘される『とりかへばや』の引歌表現は九十箇所程度存し、そのうち半数以上は男装の女君に関連して出現するが、宰相中将にまつわるものはそれに次いで、のべ四十箇所程度となり、続く四の君との差は二十箇所ほどにも及ぶ。西本寮子氏は、そうした頻出する引歌表現に着目し、「ことばを尽くして語る『源氏物語』に対し」古歌等を利用し「多くの言葉を費やすことなく」、宰相中将の「色好みの人物像を作り上げ」ているところに『とりかへばや』作者の創意を認めるべきである」とする。[5]

引歌表現の多用によって強調される宰相中将の情熱的な恋心。それらの表現は、宰相中将の恋を端的に表すキーワードのように文脈に据えられているものも多い。加えて、『とりかへばや』に見られる引歌表現の典拠の多くが、物語と時代的懸隔が認められる『古今和歌集』の、後代に大きな影響を与えた著名な歌であることを勘案すると、同物語はイメージの喚起しやすい、人口に膾炙した表現を用い、そのイメージに彼の恋を重ね合わせて描いているとも考えられよう。文学史的な営みの中で織りなされたイメージを背負い込んだ、そうしたことば達は、物語の語りに重層的な奥行きを加えるレトリック、いうならば「ことばの〈文《あや》〉」である。そして、宰相中将の恋を語る文脈には、その「ことばの〈文《あや》〉」が駆使され、それらが積み重なり、あやなされて彼の恋の物語は描き出されていく。となれば、宰相中将の恋とは、「ことばの〈文《あや》〉」が抱えるイメージ、およびそこに描かれる恋のありようを踏襲したものと断ずることも出来そうである。

ところが、宰相中将の恋を彩る表現が据えられている文脈を注視すると、先行例に比して、ある「ズレ」が存することに気づかされる。そして、そこに現れる「ズレ」は、結論からいえば、恋に対する宰相中将の、尽くす「ことば」の量とはまた異なった、「過剰性」を示唆するものとなる。それはいわば、実情を認識し得ない宰相中将を浮き彫りにするかのごとく、物語の内実を反映しない、過剰な「ことばの〈文《あや》〉」となっているのだ。

この、宰相中将の恋を彩る引歌表現と、「ズレ」の問題は、前述の「主人公性」と〈パロディ〉の問題とも関わって看過しがたいものとなろう。数々の引歌表現により語られる宰相中将の恋物語とは、どのようなものだろうか。本章では、以上のような視座で、キーワードのように出現する引歌表現の用法を分析、考究し、そこから、それら表現、つまり「ことばの〈文《あや》〉」が積み重なり描き出される、宰相中将の恋の物語の〈文《あや》〉の空間を探っていきたい(6)。

二、宇治の橋姫

まずは、物語中において繰り返し登場する表現を検討したい。広く親しまれた表現を利用し、反復させているだけに見えるその言い回しには、実のところ、ある論理による使い分けが確認されるのである。それは、物語も終盤に差し掛かったところから、ある引歌表現が頻繁に現れるようになる。

題しらず　　　　読人しらず

さむしろに衣かたしきこよひもや我をまつらむうぢのはしひめ　　（『古今和歌集』巻十四・恋四・六八九）

を踏まえた「宇治の橋姫」という表現である。

（a）　ここら見あつむる中に内侍の督の君、大殿の四の君、行方なくなしきこえにし宇治の橋姫などこそは、さまざま類なき御容貌有様と思ひしに、（巻四　四八六頁）

右のくだりは同表現の作中における初出にあたるが、ここでは、吉野の中の君を垣間見た宰相中将が、過去の女性達と中の君を引き比べる際、行方不明の女君を指すものとして用いている。以来この語は次のごとく繰り返し登場することとなる。

（b）　ありし宇治の橋姫やこの簾のうちにものしたまふらんなど、（巻四　四九一頁）

（c）　昔見し宇治の橋姫それならで恨みとくべきかたはあらじを（巻四　四九二頁）

（d）　橋姫は衣かたしき待ちわびて身を宇治川に投げてしものを（巻四　四九二頁）

（e）　かの宇治の橋姫ならずとも今宵の御引出物もいと過ぐしがたくて、（巻四　四九三頁）

（f）　よろづの公ごとも見さすやうにて籠り居にしこと、中納言さへ待ち遠に嘆き過ごして、宇治の橋姫忘るる世なく思し出でらる。（巻四　四九八頁）

（g）　昔、志賀の浦頼めたまひし夜のこと思し出でられて、ものあはれに思さるるぞ、かの宇治の橋姫とは思し寄らぬぞ、あはれなるや。（巻四　五〇五～五〇六頁）

（h）　中宮は、昔、四の君の御ゆかりに大臣に明け暮れ恨みられし報いに、まだ宇治の橋姫にてながめしころ、この御ゆゑ人をつらしと思ひ入りし報いにやとおぼえしに、（巻四　五〇九頁）

右の（b）（c）（e）（g）の例では、（a）と同じく宰相中将が女君を想起し、彼女を表すものとしてこの語を用いている。ここでは「宇治の橋姫」＝「女君」という図式が成立しており、同表現は彼女の呼称として定着しているといえよう。また（f）（h）は、女君自身が宇治での我が身を振り返って同表現を用いたものである。

当該『古今集』歌をもとにした「宇治の橋姫」は、『源氏物語』に引歌表現として利用された後、新古今時代を中心に大変好まれ、人口に膾炙した表現である。『源氏物語』においては、薫と匂宮とがそれぞれに、宇治の地に身を置く大君および中の君を橋姫に結びつけて同語を用いている。(7) その後の平安後期物語に「橋姫」の語は現れないものの、前述のとおり新古今時代の歌人達に好まれ、多く和歌に登場している。

こひわたるよはのさむしろなにかけてかくやまちけんうぢのはしひめ

（『六百番歌合』三十番左・寄橋恋・一〇一九・良経）

さむしろや待つよの秋の風ふけて月をかたしく宇治の橋姫

（『新古今和歌集』巻四・秋上・四二〇・定家）

最勝四天王院の障子に、うぢがはかきたるところ　太上天皇

はしひめのかたしき衣さむしろに待つよむなしき宇治の曙

（『新古今和歌集』巻六・冬・六三六）

右の歌に代表されるように、恋歌ならずとも「宇治の橋姫」は『古今集』当該歌の影響のもと『源氏物語』をも摂り込んで「待つ女」の悲恋というモチーフとともに詠み込まれた。(8) すなわち『とりかへばや』は、盛んに利用されたこの表現を、宇治に籠め据えられた女君の不遇の生活を想起させるキーワードとして採用したわけである。宇治での

女君は、まさにこの「橋姫」のごとき境遇であり、ゆえに、一見同表現は、女君の境涯を端的に表し印象づけるに最適の、著名な類型的表現として多用されたようにも考えられよう。

だが、その点を踏まえた上で注視すべき問題がある。それは、女君が宇治において宰相中将の訪れを待つばかりの、まさに「橋姫」同然の生活を送っていた際には、「宇治の橋姫」の表現は出現せず、それが過去のものとなって初めて登場し、以降に偏出することである。これに着目した辛島正雄氏は、

「宇治の橋姫」のように生きるとは、従順で可愛い、男にとって好ましい女でいること、とでも言い換えられる。女主人公は男装を解くまで、つねに自らを主体的に持してきただけに、一転こうした女のステレオタイプに一方的に押し込められることに、断じて承服できなかったのだ。それゆえ、「宇治」でのかの女の生活とは、〈お前もわたしのようにおなり、それが女の当たり前の生きかたなのよ〉と囁きつづけ、まんまと虜にしてしまおうとする、「宇治の橋姫」の呪縛に対する必死の抵抗の日々だったのであり、もし挫けてしまえば二度と浮かび上がれない、ぎりぎりの状況を生かされていたといえるだろう。（略）帝寵を独占する新たな運命が開け、さしもの「宇治の橋姫」の呪いも威力を失い、ここではじめてその正体を現すのである。

と説く(9)。そうしてこの「毒を抜かれたことば」である「宇治の橋姫」はクライマックスにおいて出現し、「女主人公の苦闘の深い意味を示唆」するというのだ。辛島氏の指摘のごとく、「宇治の橋姫」という語が、宇治に籠め据えられた状態の女君に用いられていないことは意味深い。あくまでも、彼女の宇治生活を後から捉えなおす言葉として、この表現が位置づけられているのである。

先に述べた『源氏物語』の例において同語は、京に位置する薫や匂宮の視点より、宇治に身を寄せる大君、中の君の現状を捉えたことばとして登場しているのであって、そうした先行例に鑑みても、事が解消した後にのみ限定された『とりかへばや』の用法には留意すべきである。なぜ、この物語において「宇治の橋姫」の表現は、あえて「毒を抜かれたことば」として現れるのか。同語の担う役割とは、果たして女君の「苦闘の深い意味を示唆」するものだけであろうか。

ここで注目したいのは、『とりかへばや』における「宇治の橋姫」の初出は、前述の通り宰相中将の心中思惟であり、その後も専ら彼がこの語を用いていることである。つまり、ここでいう「宇治の橋姫」は、宰相中将が女君を失った後に、改めて今は無き恋人を規定したことばとなっているのだ。この宰相中将の認識に言及して森下純昭氏は、女君の心中を理解し得なかった彼が、「「宇治の橋姫」を女大将に重ねて想起恋慕させるのは滑稽の他な」いとし、これは「多情故の無神経さに対する揶揄となっている」と述べるが、(10)確かに、女君の苦闘を思えば、彼女を指して「宇治の橋姫」とする宰相中将の認識には違和を感じざるを得ない。さらに、宰相中将が女君を「宇治の橋姫」と呼び始める時期というのは、当の「橋姫」である女君が最早宇治脱出を遂げたばかりか、帝寵を独占し待望の御子を懐妊した頃合いである。要するに、「我をまつらむ」とする彼の認識と、現状との間には、大きな落差が生じている。翻って、この落差を顕然化させているのが、宰相中将による「宇治の橋姫」の引歌表現利用なのである。

そして、この落差をさらに浮き彫りにするのが、女君による「宇治の橋姫」の利用だといえる。前の（f）（h）の同表現は、女君自身を指さずに、女君がかつての宇治での生活を回想する中において、彼女の宇治での状況をたとえていう。あの苦しい日々はさながら「宇治の橋姫」であったのだ。その上、前者の例の波線部「中納言さへ」という言い回しには彼女の不本意さが込められている。宰相中将が「我をまつらむ」という意味を響かせて女君自身を呼ぶのと、女君が自らの屈辱的体験をたとえるのとでは、その意味合いに大きな違いがあるわけである。

同じく「宇治の橋姫」の語を用いながら、宰相中将の側では行方不明の「恋人」という面が強調され、女君側では拒否の念が改めて描かれる。この「宇治の橋姫」の語を巡る二人の齟齬は、そのまま二人の、自身らの関係に対する認識の相違を描出していよう。換言すれば、女君の「宇治の橋姫」の利用は、宰相中将の認識を相対化する役割を担っているのである。

なお、前掲の例中の（c）は、今大将の男君に詠みかけた宰相中将の歌である。男君はそれに対し、（d）の歌で応じるが、その橋姫は我が身を嘆いて身を投げてしまいましたというこの歌は、これ以上の詮索を避けるためのものであって、宰相中将の歌を受け、はかない「宇治の橋姫」の物語を演出しているともいえる。彼は、女君の行方をはぐらかすために、かえって宰相中将の「宇治の橋姫」という認識を利用するのだ。

以上のように、宰相中将における「宇治の橋姫」は、流行の表現を類型的に踏襲しているようでいて、実のところは、彼の認識と現状との「ズレ」を顕然化させる仕組みが設けられている。つまり、彼の昔の恋を偲び用いる同表現は、実情から離れ、いわば独りよがりのものとなった、過剰な「ことばの〈文《あや》〉」となっているのだ。そして、その「ことばの〈文《あや》〉」を用いれば用いるほど宰相中将は、真相を理解し得ない滑稽な男という像を築き上げていく。

三、塩焼く煙

前節では、物語の終盤における事例を確認してきたわけであるが、宰相中将による、実情とは落差のある引歌表現の利用、いわば内実の伴わない、過剰な「ことばの〈文《あや》〉」の出現は、実は物語の始発時点においても見出すことができる。

場面は巻一まで遡る。宰相中将は、女装の男君と四の君への恋に身を焦がして尽力するものの、その甲斐もなく、片思いの一方の対象である四の君は、友人である男装の女君の妻へと納まってしまう。当然のごとく彼は落胆し、失望するが、その悲しみは次のように語られる。

方々尽くしつる心の一方はかく塩焼く煙に聞きなしつることを、喜びも何とも思はぬ顔に、行きあふ折々はすこし心置く気色に嘆きしめたるを、（巻一　一八五頁）

これも浅からず心を乱りし人の塩焼く煙になりにしぞかしと思ふに、今とても思ひ放たぬ心は胸うち騒ぎて、（巻一　二〇五頁）

傍線部「塩焼く煙」という語は、人妻となった四の君に対する無念の思いを描出するものであるが、もとは、意中の人物が思いがけなくも他に靡いてしまったことへの嘆きを表した、

題しらず　　よみ人しらず

すまのあまのしほやく煙風をいたみおもはぬ方にたなびきにけり　（『古今和歌集』巻十四・恋四・七〇八）

という古歌を引く表現である。この歌は『古今集』においては「題しらず」とあるばかりだが、『伊勢物語』には、

むかし、男、ねむごろにいひちぎりける女の、ことざまになりにければ、
　須磨のあまの塩焼くけぶり風をいたみ思はぬかたにたなびきにけり　（『伊勢物語』百十二段　二〇九頁）
とあって、「ねむごろにいひちぎりける女」の心変わりをなじったものとして、その詠歌事情が語られている。
そして、この古歌は広く人口に膾炙し、その影響下に煙に寄せて相手をなじる、次のような歌が多く詠まれた。

　　ひさしうまゐり給はざりければ
ぬきをあらみまどほなれどもあまごろもかけておもはぬときのまぞなき
　　御かへし
もしほやくけぶりになるる（『村上天皇御集』では「なびく」――筆者注）あまごろもうきめをつつむそでにやあるらん
（『斎宮女御集』一三四・一三五）

　　むめつぼのせきがもとに、いかなることありてにか
おひかぜにけぶりまかすなもしほやくたかごのうらのすまのせきもり
　　かへし
うらにたくもしほのけぶりなびかめやよものかたよりかぜはふくとも
（『惟成弁集』一・二）

また、先行物語においても当該歌は繰り返し引用されてきており、そうした中には、『とりかへばや』当該場面のごとき男の嘆きが語られたものを見出すことができる。

思ひかけずにはかなる藻塩のけぶりの口惜しさを。などか。露ばかりおどろかしほのめかし給ひたらましかば、さては聞き過ごさざらまし。

（『浜松中納言物語』巻三　二三九頁）

思ひのほかなる塩焼くけぶりは、わが御心とあることにもあらずかし。

（『浜松中納言物語』巻五　四三一頁）

右に掲出した『浜松中納言物語』の両例は、恋しい相手の「靡く」方を「おもはぬ方」と心を乱し、嘆く男の心を表している点で、『とりかへばや』当該箇所の先蹤といえるものである。前者の例は、衛門督と結婚した大弐の女に対する主人公中納言のことばであって、他人の妻に納まった彼女を中納言はなじって「藻塩のけぶり」と語りかける。後者の例もやはり中納言のことばであり、ここでは式部卿の宮に連れ出された吉野の姫君に語り、その宮による誘拐事件を指して「塩焼くけぶり」を用いている。ちなみに、『古今集』当該歌をもととした「塩焼く煙」という表現は、享受の中で、前掲のごとき相手方の「なびく方」を問題としたものだけでなく、自分自身の今後としての「なびく方」へと変奏した次のような詠みぶりも見られるようになる。

つくしにまかりくだりけるにしほやくを見てよめる

大弐高遠

かぜふけばもしほのけぶりうちなびきわれもおもはぬかたにこそゆけ

（『後拾遺和歌集』巻九・羇旅・五二一）

また、先行物語においても、自分の「なびく方」を問題とした、「女も、塩やく煙のなびきける方をあさましと思せど」（『源氏物語』真木柱巻③三八九頁）、「我が心にもあらずもてなされにし藻塩の煙は」（『夜の寝覚』巻三　二七四頁）などの引歌表現が存する。それら多様に展開した「塩焼く煙」の用法に対して、『浜松中納言物語』の二例は、当該の古歌の発想そのままに、相手をなじり、自らの嘆きをことばに託している。そして、『とりかへばや』の宰相中将の例も、『浜松中納言物語』を踏襲するかのように、傷心の表象として「塩焼く煙」を用いているのである。以上の点を勘案すれば、宰相中将における「塩焼く煙」は、古歌の意に添った『浜松中納言物語』を引き継いで、人妻に対する彼の熱情を端的に描き出すキーワードとして示されたもののように思われる。恋しい女が「ほかざま」に靡いたことを知った男の嘆き。「塩焼く煙」は、宰相中将の抑え難い執心を一語に集約したことばともいえるかもしれない。

しかし、ここで注意したいのは、同表現出現時点における宰相中将と四の君との関係性である。この時の両者は、未だに対面を果たすどころか、文のやり取りも見られない状況にある。宰相中将は、四の君を思い、様々に手を尽くしてはいたものの、その浮気心を警戒され、「つゆのこともあなゆゆしといづ方にも思し離れて返事する人もなき」（巻一　一八一頁）と、四の君方に全く相手にされていなかった。実は、このような二人の間柄においての、相手方の「なびく方」を問題とした「塩焼く煙」の引用は、先行例とは異なり、宰相中将の認識の身勝手さや、過剰さを前景化させる役割を担うと考えられるのである。

というのも、先行例の文脈には、『伊勢物語』の「ねむごろにいひちぎりける女」という設定における男女の関係性を反映した、該当の男女の親密さ、あるいは接近が前提として認められるからだ。『浜松中納言物語』の一つ目の例の大弐の女と中納言とは、前掲場面以前に、結ばれてはいないものの一夜を共にし、かつ後の逢瀬を約束している。また、後者の例の吉野の姫君に対し中納言は、後見人の役割を果たし、吉野の姫君自身も中納言を唯一の頼りとする。そうした中で、恋仲となるのを中納言が躊躇し煮え切らずにいるうちに、この二人の女君は他の男のもとに収まってしまうのだ。結局のところ、両女君が「ほかざま」に靡く事態を招いた大きな要因の一つは、誰あろう中納言自身の行動である点で、彼の言い分は身勝手なもののようにも思われる。しかし、あくまで彼女達と中納言との間には、引用場面以前において心情的な結びつきが成立しており、「思ひのほか」という彼の嘆きには一応の根拠があるように『浜松中納言物語』では描かれているのである。

さらに、『源氏物語』には次のような例が見られる。

塩焼く煙かすかにたなびきて、とり集めたる所のさまなり。
このたびは立ちわかるとも藻塩やく煙は同じかたになびかむ
（明石巻②二六四～二六五頁）

この場合は相手をなじってのものではないが、相手の靡く方を意識した引用例といえる。明石を去る源氏が、明石の君に再会を誓う場面には「塩焼く煙」がたなびき、源氏は自分とともに相手も同じ方向へ靡くことを願う歌を彼女に詠みかける。この時既に二人は契りを交わし、明石の君には妊娠の兆候が見えている。古歌の発想を踏襲した例ではないが、『伊勢物語』の設定に通じる親密な男女間で「塩焼く煙」が引用される傍証となろう。(11)

そうした流れを踏まえた上で、改めて宰相中将の文脈を確認すれば、「塩焼く煙」ということばの過剰性が見えてくる。四の君の結婚は、彼にとっては大いに心外ではあろうが、その心情は『伊勢物語』のような二人の親密さを前提にしたものでも、また、『浜松中納言物語』のごとき接近を果たした末のものでもない。まだ見ぬ四の君の結婚に落胆し、「塩焼く煙」に自らの悲しみをなぞらえる宰相中将の認識は、同表現の享受の様相を考えれば、二人の関係性を無視した、冷静さを欠くものといえるのだ。

加えて、『とりかへばや』における「塩焼く煙」の初出部分には、前掲の波線部「聞きなしつる」という言い回しが利用されているところにも留意したい。「聞きなす」とは、左記の例に見られるように、真実はどうあれ、動作主体が聴覚から得た情報を、意識的にそう認識したことを示すものである。

渚に寄る波のかつ返るを見たまひて、「うらやましくも」とうち誦じたまへるさま、さる世の古事なれど、めづらしう聞きなされ、悲しとのみ、御供の人々思へり。（『源氏物語』須磨巻②一八七頁）

若君の御時に、はた人に扱はせて、よそのものと聞きなしていみじくおぼえしに、（『夜の寝覚』巻五　五二四頁）

鳥の音だになつかしく聞きなされしは、訪るる人なき吉野山の峰の雪に埋もれて過ぐしたまふ。（『とりかへばや』巻一　二三一頁）

要するに、宰相中将は、四の君結婚という情報を、「塩焼く煙」に、すなわち、自分のものと思っていた恋しい人がほかざまに靡いた話として、あえて解釈した、というわけである。この解釈が、いってみれば独りよがりの思い込みであることを「聞きなす」という語は示唆していよう。なお、結局この思い込みともいうべき、四の君に対する「塩焼く煙」という認識は、同表現が再出する際には「塩焼く煙になりにしぞかしと思ふ」とあり、彼の意識の中に定着する。そして、この思い込みと執心が彼を四の君との恋に走らせるのであった。

以上、「塩焼く煙」の宰相中将における用法を分析検討してきたが、ここで確認されたのは、人口に膾炙した表現を、物語の内実を反映しない、過剰な「ことば」として用いることで、彼の認識のずれを前景化させる仕掛けである。彼の用いる「塩焼く煙」は現状を離れた、過剰な「ことばの〈文《あや》〉」となっている。そして、それが実情とは落差のある「ことばの〈文《あや》〉」であるがゆえに、宰相中将の思い込みの強い、極端な情熱のさまを描き出すのである。

四、岩うつ波の

次に、狂おしい恋の煩悶の表象として人口に膾炙していた表現が、宰相中将の文脈にどのように摂り込まれているかを確認したい。ここには、その後に語られる宰相中将自身の行動によって、そのことばが実情と落差のある「ことばの〈文《あや》〉」として浮き上がるという構図が見受けられるのだ。

同じ御垣のうちになりては、時々かやうの琴の音を聞くにも、「岩うつ波の」とのみ、思ふことのかなふべき世はなげなるを思ひわびて、霞みわたれる月の気色にも、心のみ空にあくがれにたるにながめわびて、例の中納言殿に語らひて慰めんと思して、前駆などもことごとしうも追はせず忍びやかにておはしたれば、例ならずしめやかにて、「内裏の御宿直に参らせたまひぬ」と言ふが、かひなく口惜しく、内裏へや参らましなどながむるに、うちに箏の琴の音ほのかに聞こえたるに、きと耳とまりて、さならんかしと思ふに、これも浅からず心を乱りし人の塩焼く煙になりにしぞかしと思ふに、今とても思ひ放たぬ心は胸うち騒ぎて、（巻一　二〇四～二〇五頁）

右は、宮中に出仕し尚侍となった男君に対する、なかなか叶わぬ恋に鬱屈した宰相中将が、四の君のもとに忍び込むまでの経緯を語ったくだりである。傍線部「岩うつ波の」とは明らかに、

冷泉院春宮と申しける時、百首歌たてまつりけるによめる
源重之
かぜをいたみいはうつなみのおのれのみくだけてものをおもふころかな
（『詞花和歌集』巻七・恋上・二一一／『重之集』下・三〇三）

を引いている。この歌は、自分一人ばかりが心を砕く恋の苦しみを歌ったものであるが、前掲の引用箇所においては、具体的には尚侍への狂おしい片思いを指す。

源重之の歌によるこの「岩うつ波の」という語もまた、広く知れ渡り、引用摂取された表現である。

本歌、源少将
なみかくるいそべのいしのあらはれて君こふる身といかでしられん
予返歌
かけてだにおもひなよりそいそべなるいはうつなみのわれはくだくと
（『重家集』二二八・二二九）

片思
夜とともに我のみおもひくだくらん岩うつ磯の波ならなくに
（『俊成五社百首』七九）
われはこれ岩うつ磯の浪なれやつれなき恋にくだけのみする
（『正治初度百首』恋・一一八二）

千百九十番　左　公経卿
しほかぜにいはうつなみのわきかへりこころくだくるものおもふかな
（『千五百番歌合』恋一・二三七八）

とあるごとく『とりかへばや』成立周辺の時代には、重之歌を踏んで同語を詠み込んだ歌が度々現れ、また、

立ち寄れば岩うつ波のおのれのみくだけてものぞ悲しかりける　（巻一　八六頁）

と、先行物語『夜の寝覚』においても、右の歌が存する。これは、寝覚男君が寝覚の上に逢えぬ苦悶を示したものであって、重之歌に依ることで報われない片思いを抱えた彼の苦悩が表現されている。つまるところ、「岩うつ波の」という表現は、一方的に心を砕くばかりの煩悶する心の表象として享受されていたといえよう。

では、『とりかへばや』宰相中将においてはどうだろうか。確かに宰相中将の、尚侍への片思いとそれゆえの煩悶は、「岩うつ波の」の語によって鮮明に描出されてはいる。ここでの同表現は、それまでに語られた尚侍への思いを集約し、彼の恋心を表したキーワードとも認識できよう。しかし、問題はその後の展開にある。前述の通りその後に語られる物語は、尚侍との恋物語などではなく、点線部に始まる四の君との逢瀬なのである。彼は尚侍を思う恋心を胸に、その縁の女君を訪れたものの、そこで四の君の琴を耳にするや、その思いは持続せず、途端に四の君への恋情を表す「塩焼く煙」の思いへと流れていく。いわば、「岩うつ波の」で表明された苦しい片思いは、結局、四の君との密通の恋物語を導き出す役割を担うことになるわけだ。しかも、四の君との関係を結んだ宰相中将は彼女との逢瀬に没頭し、尚侍への恋は一時的に放り出されて巻二までほとんど語られることはなくなってしまう。心を砕く苦しい思いが表明されていただけに、読み手にとっては肩透かしの感があろう。

翻っていえば、『とりかへばや』の文脈は、同表現が実質の伴わない、飾り立てただけの、過剰な「ことばの〈文《あや》〉」

であることを暴露するものとなっているのだ。情熱的な恋の苦悩を表明したはずの宰相中将は、自らの直後の行動によって、あだなる二心を顕にし、そのことばが結局のところ、空疎な、形ばかりのものであることを顕在化させてしまう。つまり、「岩うつ波の」という切なる片思いの表象も、宰相中将の文脈においては、内実を反映しない、過剰な「ことばの〈文《あや》〉」として位置づけられているのである。そして同表現は、かえって彼の不実を浮き彫りにするといえよう。

五、おわりに

以上のように本章では、宰相中将の恋を彩り、彼の情熱的な恋情を語る引歌表現と用法に関して検討してきた。そこで確認されたのは以下のことである。当時の読者に、ある固有のイメージを喚起させる著名なことば、あるいは表象として享受されていた表現を、あたかも宰相中将の恋を端的に表すキーワードのように利用しつつも、実は、そのことば達が、物語の内実に則していない、すなわち、宰相中将と女達との関係の実際の状況とは落差のある、過剰な表現であることを浮き彫りにしていく物語の構造。その構造の中でことば達は相対化され、実情を反映しない過剰な「ことばの〈文《あや》〉」として、宰相中将の恋の文脈に据えられているわけである。

そして、こうした過剰な「ことばの〈文《あや》〉」を駆使して宰相中将の恋物語は語られていく。つまりは、宰相中将の恋には、過剰な「ことばの〈文《あや》〉」が張り巡らされているわけである。ならば、こうした過剰な「ことばの〈文《あや》〉」達が描出するものとは何であろうか。人物論に引き付けていえば、それは、認識の「ズレ」を露呈させることによって相対化された、ひいては戯画化された「色好み」の姿ではなかろうか。宰相中将という色好みの男は、多くのことばを尽くして女を口説き、さらには自らの情熱および焦燥をことばに託して表現する。そうした情熱を表すことばは、先行作品においても登場した周知の表現達によって彩られている。けれども、その表現は実質の伴わない、過剰に飾り立てられたものであることが明らかにされていくのだ。つまり、同じことばを用いながらも、宰相中将の恋の物語においては、その過剰性が強調されているのである。

そして、結局のところ、過剰なことばを尽くす彼は女君によって、

いであな心憂、類なげなりし気色をかく言ふよ、これこそは月草の移ろひやすき心なめれ、と見るに、あはれと思はん限りはうちほのめかし言ふべきにもあらざめり、また思ひ移ろふ方あらん時はめづらかなることのありしやと言ひ出でんと思ふに、いとうしろめたう、かかる人にしも逃れぬ契りのありけるよと思ふも、いと心憂し。（巻二　二八三頁）

といったように、その思い込みの強さと身勝手さを見透かされてしまうわけだが、彼が用いる「ことばの〈文《あや》〉」に注目してみれば、むしろ、宰相中将はことばを尽くして自らの心境を表現すればするほど、その過剰性と「ズレ」とを端から読み手の側にさらけ出していたといえる。すなわち、彼の言動に対する女君の不信感は、至極当然のものとして示されているわけである。となればここには、宰相中将と女君の恋の破綻を必然化させる物語のありようを見出すことができまいか。

先行の物語における男達の恋は、それに相対する女達が疎ましく思うかは別として、ひとまずのところ、引歌表現などを用いつつ、心を砕く情熱的なものとして語られる。その上での二人の心の擦れ違い、および断絶は物語展開に

伴う両者の心の追求の中に生じていくといえよう。ところが、『とりかへばや』の宰相中将の用いることばは、前述のごとく、初めより実の伴わないおおげさなものとして提示されている。いわば、彼の身勝手さや不実は、結果ではなく彼の恋の前提なのである。要するに、この二人のすれ違い、さらには、女君の宰相中将との決別は、必然的なものとして設定され、強調されている。そうして物語は、宰相中将との恋は女君にとって、払拭すべきものとして位置づけられていること、二人の関係は絶たれて然るべきものであることを、読み手の側に印象づけていくのだ。

こうして見れば、宰相中将は、先行物語の男主人公たちに通じる設定を持ち、彼等と似た振る舞いをとりながらも、度が過ぎた思い込み、過剰性によって、自らその「主人公性」を失う人物だと考えられよう。そして、「主人公性」を失った色好みは、男装の女君によって乗り越えられるべくして乗り越えられる。つまり、宰相中将という男君は、「主人公性」と〈パロディ〉性とを併せ持つ人物として位置づけることができるのである。

宰相中将の恋の物語は、一見人口に膾炙した、情熱的な恋を描く表現達が積み重なりあやなして語られているようでありながら、実は、物語の内実を反映しない「ことばの〈文《あや》〉」に彩られている。つまり、彼の恋を描き出す物語の〈文《あや》〉の空間には、現状を認識し得ない彼自身の発する、「ことば」の実のなさ、虚飾に満ちた「過剰性」をそのまま映し出すかのように、飾り立てただけの、過剰な「ことばの〈文《あや》〉」が拡がっているのである。すなわち、宰相中将の恋物語を描く〈文《あや》〉の空間とは、実と乖離した、過剰な「ことばの〈文《あや》〉」の空間と位置づけることができるだろう。

注

（1）　本章では、便宜上、宮の宰相の呼称は、宰相中将に統一する。

（2）神田氏（本書I第一章注（33））に同じ。

（3）菊地仁氏は、宰相中将の「禁忌を侵犯する〝王統のひとり子〟」という面に着目し、「本来なら主人公たる十分な状況設定」でありながら、男女入れ替えのモチーフにより「作品全体の座標軸が狂っているため」彼は「三枚目の色好みとしてしか登場できない」として、彼の「主人公」性と、そこからの「ズレ」のありようを説明する（「『とりかへばや物語』試論―異装・視線・演技―」『日本文芸思潮論』桜楓社　一九九一年三月）。そのような彼の「主人公性」を重視した安田真一氏は、「光源氏や匂宮なども含めて、恋に身を焦がしていく多くの物語の男性は、みな多かれ少なかれ宰相中将と同じ」と説いた上で、宰相中将を「きょうだいの異装・役割交換＝「とりかへ」に翻弄された「をこ」の主人公」と位置づけ（本書I第二章注（6））、さらに中島正二氏も、彼に恋物語を担う「主人公性」を認め、『とりかへばや』を「正常人宰相中将による、異常人との遭遇と別離の物語」とみなす可能性を示している（本書I第二章注（7））。また、久保堅一氏は、宰相中将はつとに指摘のある匂宮のみならず、「宇治十帖」全体にわたって物語を牽引する薫の、女達への執着をも継承した人物だと指摘して、その上で「宰相中将の執着は薫のそれとは異なって最終的に女君に乗り越えられるものとして存在するのであり、執着が執拗に示されれば示されるほどに空回りしているものとして語られるほかはない」と述べる（本書I第二章注（8））。

（4）安田氏（本書I第二章注（6））に同じ。

（5）西本寮子『『とりかへばや』と『源氏物語』―匂宮三帖への関心を視点として―』（『源氏物語の展望』第八輯　三弥井書店　二〇一〇年）

（6）本章I第二章では、今回取り上げなかった宰相中将の引歌表現の数々に見られる「諧謔性」を問題とし、論じている。併せて参照されたい。

（7）　橋姫の心を汲みて高瀬さす棹のしづくに袖ぞ濡れぬる　（橋姫巻⑤一四九頁）
　中絶えむものならなくに橋姫のかたしく袖や夜半にぬらさん　（総角巻⑤二八四頁）
　なほ心憂く、わが心乱りたまひける橋姫かな　（蜻蛉巻⑥二六〇頁）

（8）新古今時代の「宇治の橋姫」詠の様相に関しては渡邉裕美子「新古今時代の「宇治の橋姫」詠について」（『和歌文学研

究』六七　一九九四年一月／「新古今時代の「宇治の橋姫」詠」『新古今時代の表現方法』笠間書院　二〇一〇年　所収）に詳しい。

（9）辛島正雄「「宇治の橋姫」の呪縛」（『新日本古典文学大系』六一付録　一九九三年／『今とりかへばや』小考」『中世王朝物語史論』上　笠間書院　二〇〇一年　所収）

（10）森下純昭「「とりかへばや」の主人公と主題―作中歌・引歌と「夜の寝覚」との関係から」（本書I第一章注（28））

（11）なお、『源氏物語』には「風のなびかむ方もうしろめたくなむ、いとどほれまさりてながめはべる」（浮舟巻⑥一七〇）という表現がある。「煙」ではなく「風」とあり、引歌表現とは断じがたいが、やはり発想のもとは『古今集』当該歌に辿られるだろう。その上で注意したいのは、これが、浮舟が薫に靡きはしまいかという、匂宮の不安の心情を表した文であり、傍線部の表現は、既に契りを交した男女の仲において登場している点である。同例は、近しい間柄という前提が当該の表現には付随していた傍証となるのではなかろうか。

第四章　袖の中の魂

——垣間見場面に見られる『古今集』九九二番歌引用について——

一、問題の所在

また魂ひとつはこの人の袖のうちに入りぬる心地して、見過ぎてたち帰るべき心地もせず、現し心もなくなりにければ、さは今宵入りなんと思ふに、

（巻一　二〇五～二〇六頁）

右は、現存『とりかへばや』巻一において、宰相中将[1]が四の君の姿をついに垣間見る場面。恋い焦がれてきた四の君の姿を初めて目にした彼は、たちまち彼女の美しさに心を奪われ、理性を失っていく。その恋情を表す傍線部の表現は、『古今和歌集』の著名な次の歌を引用したものである。

あかざりし袖のなかにやいりにけむわがたましひのなき心ちする

（巻十八・雑下・九九二・陸奥）

魂が身を離れ、相手の袖の中に入りこんで留まっているように感じられる、として満ち足りない思いを訴えるこの歌は、つとに『源氏物語』に引用されている。そこでは、柏木、夕霧、匂宮の魂が、それぞれ恋しい女君の袖の中に入るという恋の文脈に据えられて、女君に対する執着の心を描出する。そして、こうした恋の文脈における当該歌の引用は、『浜松中納言物語』にも受け継がれていった。

となれば、『とりかへばや』の傍線部の表現もまた、『源氏物語』から『浜松中納言物語』へと継承された、恋の文脈上の、前掲歌引用を引き継いだものと結論づけることもできそうなものである。ところが、その文脈には飛躍が認められる。当の『古今集』歌の「魂」は、「物がたり」をした相手のもとに残してきた「魂」であり、また、それを引用した先行物語の表現もやはり、身が離れた後に女君のもとに残ったままの「魂」である。対して、『とりかへばや』の右の傍線部は、あくまで四の君を垣間見た瞬間の心境であり、「魂」は残してくるのではなく、身より先に入ってしまっている。なおかつ、宰相中将は、その魂に誘われるかのようにして、四の君のもとに忍び込むのだ。

さらに、『とりかへばや』の『古今集』九九二番歌引用は、巻四においてもう一例認められる。

やをらたち出でたまふも、まれまれ残りたりつる魂は、ありつる御袖のうちに入りぬる心地したまふ。

（巻四　四八八頁）

権中納言となった宰相中将が今大将の邸で吉野の姫君達を垣間見、その魅力にひかれながらも人目を気にしてその場を後にする。右の傍線部は、後ろ髪を引かれつつ立ち去る宰相中将の心情を描出したものであって、先の四の君の場面のものに類似した表現となっている。同じ人物の、垣間見場面における心中を描くという点でも先の例と共通するこの傍線部は、ただ同表現を流用したものにも見えよう。しかし、この心境はあくまで去り際のものであり、四の君の時のように「魂」がそのまま「身」を誘うことはない。その点、先の四の君垣間見場面の例と表現上は類似、対応するものの、その文脈には一応の差異が見受けられるのだ。

以上、『とりかへばや』に見られる『古今集』九九二番歌引用の表現には、先行例からの飛躍、および同作品内における反復と「ズレ」が認められる。このような表現登場の背景には、基となった九九二番歌の、物語ならびに和歌作品における受容史との深い関わりがある。本章では、『古今集』九九二番歌引用表現「袖の中」の「魂」に注目し、同表現受容の時代的変遷と、『とりかへばや』の文脈との関連性を精査、分析し、そこから同物語における「袖の中」の「魂」の位相を明らかにしていきたい。

二、『古今集』九九二番歌の受容

女ともだちと物がたりしてわかれてのちにつかはしける

みちのく

あかざりし袖のなかにやいりにけむわがたましひのなき心ちする

（巻十八・雑下・九九二）

『古今集』九九二番歌は、右の詞書に見る通り元来恋の歌ではない。『法華経』五百弟子受記品の衣珠説話を踏まえつつ[(2)]、「魂」を玉に見立て、それが女友達の袖の中に入ってしまったという。恋しさのあまり魂が遊離するという発想は、当該歌に限ったものではないが、その行き先を相手の袖の中に求めるのである。なお、『小馬命婦集』では、九九二番歌を引用したと思われることばと歌が、『古今集』の詞書と同様に女同士の戯れとして交わされている。[3] ここからも、同歌はただちに恋ばかりに結びつくものとは享受されていなかったことが理解されよう。[4]

そして、この友人間に交わされた歌が、男女の恋を表すものとして、後代に受け継がれていく過程には、『源氏物語』による同歌引用が、大きな影響を与えている。

起きてゆく空も知られぬあけぐれにいづくの露のかかる袖なり

と、引き出でて愁へきこゆれば、出でなむとするにすこし慰めたまひて、

あけぐれの空にうき身は消えななむ夢なりけりと見てもやむべく

とはかなげにのたまふ声の、若くをかしげなるを、聞きさすやうにて出でぬる魂は、まことに身を離れてとまりぬる心地す。（若菜下巻④二二八〜二二九頁）

たましひをつれなき袖にとどめおきてわが心からまどはるるかな（夕霧巻④四一五頁）

今日さへかくて籠りゐたまふべきならねば、出でたまひなむとするにも、袖の中にぞとどめたまひつらむかし。（浮舟巻⑥一三五頁）

以上が『源氏物語』における九九二番歌引用箇所である。[5] 若菜下巻の例は、女三の宮のもとを去る柏木の心境を表現したもの。ここには「袖の中」の語は明示されてはいないが、[6] 高田祐彦氏は、その直前の柏木の歌「起きてゆく」における「露のかかる袖」が、『古今集』「離別」の四〇〇番「あかずして」の歌の「袖の白玉」を経由し、「〈袖に残

る魂〉を導き出し」たとして、この箇所を「離別の悲哀とそれゆえの執着」が両歌の連関から結合した表現と見る。[7]念願の一夜を過ごした柏木の魂は、別れを惜しむ心と執着心により、女三の宮の袖に残されるのである。続く夕霧巻の例は、夕霧が落葉の宮に贈った歌。身近に迫り、あれこれとことばを尽くして、夜を通じて口説いたものの落葉の宮の頑なな拒否に遇った夕霧は、魂を彼女の袖の中に残してきたと、その恋情を訴える。そして、最後の浮舟巻の例は、浮舟と契りを交わし二夜を過ごした匂宮の、別れ際の心を推し量って語り手が述べたもの。九九二番歌を引き、魂だけは浮舟の「袖の中」にお残しになったことであろうという傍線部の表現は、浮舟と離れ、京に戻らねばならぬ匂宮の、名残を惜しむ思いが集約されたものとなっている。

このような『源氏物語』の用例は、次の『竹取物語』における、かぐや姫への未練を表した、

帝、かぐや姫をとどめて帰りたまはむことを、あかず口惜しく思しけれど、魂をとどめたる心地してなむ、帰らせたまひける。（六二頁）

という表現の延長にあるといえるが、九九二番歌を恋の文脈に据え、同歌を男女の恋に結びつけることで、自らの「魂」を恋しい女君の周辺どころか、より身体的に密着した印象を与える、「袖の中」に残してしまうほどの激しい男君の惑乱と執心とを描出している。柏木、夕霧、匂宮という男君達は、ついに接近を果たし、あるいは肉体的関係を結んだ女君に対して、ますます思い乱れ、執着の思いを強くする。九九二番歌を引用した「袖の中」の魂とは、そうした彼らの、女君をも追いつめる愛執の念の表象ともいえよう。[8]

そして、『源氏物語』に見られた恋の文脈上における『古今集』九九二番歌の引用は、後代に受け継がれていく。

『浜松中納言物語』では、式部卿の宮が、吉野の姫君のもとを発つ場面が次のように描かれる。

袖のうちにとどめ置きて出でさせ給ひても、すこしかかりどころあり、あはれを知りげなりつるけしき、ありさまの、身にしみておぼし出でらるるに、ほかのことは忘れ果てて、「なきにはえこそ」とぞおぼえける。

（巻五　四三六頁）

式部卿の宮によって誘拐され、取り籠められた吉野の姫君は、衝撃のあまり茫然自失となり生死の境をさまよう。途方に暮れた式部卿の宮は、姫君を中納言のもとへと返し、自らが通うようになるのである。そうした後、次第に姫君も式部卿の宮に馴れ、彼に返歌をする。傍線部の表現は、そんな姫君に対してますます愛着の念を強くする式部卿の宮の心中を表している。式部卿の宮の激情は匂宮に通じており、傍線部は『源氏物語』浮舟巻の例を継承したものと考えられよう。(9)

さらに、時代も下った『有明の別』や『我身にたどる姫君』においては、『古今集』九九二番歌が次のように取り入れられている。

袖の中にわがたましいやまどふらんかへりていける心ちこそせね

（『有明の別』巻二　三八〇頁）

たましゐのいりにし袖によそへても中〳〵物ぞいとゞかなしき

（『我身にたどる姫君』巻三　七五頁）

『有明の別』は左大臣が中務卿の宮北の方に贈った後朝の歌。『我身にたどる姫君』は中納言が対の姫君に贈った歌であるが、傍線部は既に逢瀬を重ねた女三の宮のことを指す。要するに、両例ともに、既に関係を持った女君の「袖の中」に、自身の「魂」を残すほどの激しい執着と恋情とを表明しているのだ。こうした文脈における「袖の中」の「魂」という表現は、男女の関係にあることを示すものとして機能しているといえるだろう。「袖の中」に「魂」が入り込むほどの接近、すなわち肉体的な関係を成立させた女との離れがたさ、未練の表象。『浜松』『有明』『我身』における「袖の中」の「魂」の語は、そのように位置づけることができる。

以上のように、元は友人間のものであった『古今集』九九二番歌を引用した「袖の中」の「魂」との表現は、『源氏物語』を経由することで、濃密な時を過ごした恋人に対する、男の執着心を表すものとして受容され、後代の物語作品にも継承された。となれば、一見、『とりかへばや』の先の例も、そうした流れの中に出現したと考えることもできよう。だが、一方で前述の通り、『源氏』『浜松』の例とも異なる要素を、その用いられた文脈上において確認できるのだ。では、その相違は、どのような効果を呼び、いかなるものを描出するのだろうか。

三、『とりかへばや』における「袖の中」の「魂」

現存『とりかへばや』において『古今集』九九二番歌の引用が見られるのは、先に述べた通り、次の二場面である。

(A)　とかくまぎれ寄りてかいばめば、端近く簾を巻き上げて弾き出でたる音を聞くよりも、月影に、いと身もなく衣がちにて、あえかにうつくしうなまめきたるさま、尚侍ときこゆとも限りあればこれにはいかがまさりたまはんとする、すぐれたる名は高けれどいとかくは思はざりしを、まことにいみじうもありけるかな、と思ふに、また魂ひとつはこの人の袖のうちに入りぬる心地して、見過ぎてたち帰るべき心地もせず、現し心もなくなりにければ、さは今宵入りなんと思ふに、
（巻一　二〇五〜二〇六頁）

（B）いつとなくかくてあらんも、気色見つくる人もあらばいとわづらはしかるべければ、やをらたち出でたまふも、まれまれ残りたりつる魂は、ありつる御袖のうちに入りぬる心地したまふ。
（巻四　四八八頁）

両例ともに、「袖の中（うち）」と「入」るという歌のことばを採用し、明確に引歌表現であることを提示している。（A）は四の君垣間見場面。宰相中将は、恋い焦がれた四の君の姿を目の当たりにし、身より先に「魂」が彼女の「袖のうち」に「入」る感覚を覚えたという。傍線部の表現は、男君の、恋しい女君への恋情と執着心の強さを描出する点で、『源氏』からの恋の文脈における『古今集』九九二番歌引用の流れを汲んでいるようではある。しかし、ここでの「魂」は、後朝に残されるものではなく、自身より先に女君に接近するものとして描かれている。先行例とは文脈上隔たりを持つといえよう。一方（B）は、吉野の姫君達を垣間見てのもの。傍線部は、先の（A）の場面に対応するかのような表現になっており、やはり垣間見た相手の袖の中に「魂」が「入」る心地がするという。だが一方で、同表現が出現するくだりは、姉妹の姫君を垣間見た後、人目を気にしてその場を去る際の心境を語っているのであって、四の君の場面のように身をそのまま誘導することはない。その点、（A）に比べ、先行例に通じる部分がある。（A）（B）両場面は、極めて類似した関係にある一方、差異もまた認められるのだ。

宰相中将という人物を理解する上で、『古今集』九九二番歌が、垣間見場面において二度引用されていることは看過しがたい。『源氏物語』をはじめとした先行例は、恋人とのしばしの別れを惜しむあまり、彼女の「袖の中」に「魂」を残してしまうという、男君の未練と執着を描出する表現として、同歌を引用していた。それに対して、四の

君および吉野の姉妹の姫君は、宰相中将にとって初めて姿を目にした女性であって、引用場面以前には「身」の接近すら果たしていない。にもかかわらず、「魂」が身を離れ、先に「袖の中」に「入」るというのは、先行例に比してみれば、あまりに時期尚早といえる。

ここで、『とりかへばや』における『古今集』九九二番歌引用の問題を考えるにあたり、見過ごせない場面を確認したい。

（C）　わが君、よし見たまへ」とぞうつくしうのたまふに、あやにくならんもわりなくて、魂の限りとどめ置きて、骸の限りながら出でぬ。　（巻二　二六八頁）

これは、同じく宰相中将が、尚侍（男君）のもとに忍び込み、二日にわたって口説いたものの、結局宥めすかされやむなく退散する際の心境を語ったものである。波線部の表現に関して、『校注とりかへばや物語』『中世王朝物語全集』『新編日本古典文学全集』[10]は、波線部の表現も九九二番歌を引いたものとして解釈している。恋しい人のもとに「魂」を留め置くという発想は、なるほど確かに、前の（A）（B）二例に通じ、なおかつ、当該表現が、接近に成功し、間近で散々言い寄った尚侍のもとを去る際の心情を表したものである点に着目すれば、かえって、この（C）が、（A）（B）よりも先行例の文脈に近いということも出来よう。だが、（A）（B）二例が、「袖のうち」に「入」るという『古今集』の表現を積極的に採用しているのに対して、（C）は「魂」のありかを「袖の中」に限定せず、いとしい人のそばに「とどめ置」くとだけ表し、その上で新たに「骸の限りながら」という表現を付け加えていることには、留意すべきである。「袖のうち」に「入」る、と明示した二例と、「袖の中」、「入」るの語を用いない（C）とは、引用態度に明らかな違いがあり、（C）の表現と、『古今集』九九二番歌との間には距離が認められるのだ。九九二番歌を経由せずとも、恋しい人のもとに「魂」を残すという発想が恋人との別れの場において見られることは、前掲の『竹取物語』の例からも明らかである。むしろ、（C）はこの『竹取』の例に近しい。

とすれば、『とりかへばや』において、『古今集』九九二番歌引用の「袖のうち」に「入」るという表現は、先行例と、その使用状況が相違する（A）（B）の場面にのみ限って登場し、最も先行例と文脈上近似する（C）では回避されていることになる。では、この差別化は何を意味するのか。

「袖のうち」に「魂」が「入」ると表される（A）（B）の共通点としては、先述のように、それが垣間見場面であることがまず挙げられるが、それ以外にも、相手が実際の女性であり、宰相中将は必ず彼女達とその後に契りを交わしている、という点も見過ごすことができない。（A）では、「魂」が「袖のうち」に入ってしまうことで「現し心」をなくし、焦がれ惑乱する思いにまかせてそのまま押し入り、四の君と関係を結んでしまう。また、（B）も、その日は退去するものの、後日今大将に導かれ、吉野の中の君と契ることになる。それに対して、（C）における相手は女装の男性である。『とりかへばや』に同性愛は描かれず、後にもこの二人が結ばれることはない。もちろん宰相中将はその真実を知る由もないが、しかし、ここに「袖のうち」に「魂」が入ったと表現されず、いっそ避けられているのは、二人が結ばれない関係にあることを示唆していると考えられまいか。ここには、意識的な使い分けがある。つまり、『とりかへばや』において、『古今集』九九二番歌引用の表現は、心身ともに男女の場面に限定され、宰相中将が女と契りを結ぶ未来を暗示するものとなっているのだ。

（A）（B）における「魂」は、魅かれる心のままに身を離れ、先に意中の女君の袖の中に入り込み、かえって、身を彼女のもとへと誘導して契りを結ばせる。すなわち、この「魂」は、密なる接近の後の未練の表象ではなく、密なる接近を希求する心の現れと位置づけることが出来る。

右のような用法には、先行例のものからの文脈上の飛躍が認められよう。『とりかへばや』における「袖の中」の「魂」の位置づけは、『源氏物語』などのそれから変質している。これは、著名な引歌表現の用法を変質、変容させて独自の世界を描出するという、『とりかへばや』の先行作品摂取の方法を考える時、看過できない問題となる。(11) では、このような、先行例とは距離を持った『古今集』歌引用のあり方は、『とりかへばや』独自のものなのだろうか。それとも、『源氏』を経て「袖の中」の「魂」が愛執を表す表現として認識されていったように、現存『とりかへばや』の時代には、九九二番歌受容の様相自体が、前代のものから変化、変容し、その一端を示しているのが『とりかへばや』における用法なのであろうか。次節では、その下限を一二〇〇年と目される、現存『とりかへばや』の成立時期と前後する時代の和歌作品における、『古今集』九九二番歌受容に焦点を当て、そこから『とりかへばや』の（A）（B）に見られた用法の位相を探っていく。

四、同時代における「袖の中」の「魂」

先述の通り、『古今集』九九二番歌は、特に『源氏物語』に用いられて以降、物語作品において恋の文脈に据えられ、男君の、密なる時を過ごした恋人に対する未練と執着心を描出するものとして、受け継がれていった。『とりかへばや』と成立の時代も近いとされる物語では、『有明の別』において後朝の歌に取り入れられている。これは、『源氏』、『浜松』などの流れを汲むものとして解すことができる。

それでは、和歌作品においてはどうだろうか。『古今集』九九二番歌に基づく「袖」、「魂（心）」の語を用いた歌(12)を挙げていくと、次のように、やはり恋の歌が目立つ。

① しらせばやこすにはつるる袖のうちに入りぬるたまのぬしは誰ぞと
『月詣和歌集』「見衣恋を」・三七六・高松宮）

② 夕ぐれのわが玉しひはおもひやる袖の中にやいりなやむらん
（『家隆卿百番自歌合』六十七番左・恋百首・一三三）

③ みし人の袖にうきにし我が玉のやがてむなしきみとや成りなん
（『後京極殿御自歌合』六十三番左・「恋の歌あまたよみ侍りける中に」・一一二五／『秋篠月清集』恋十五首・五六三／『拾玉集』百番歌合・六十四番左持・一八三二・良経）

④ 時のまの袖の中にもまぎるやとかよふ心に身をたぐへばや
（『拾遺愚草』雑恋十首・二八五）

⑤ あかざりし霞の衣たちこめて袖のなかなる花の面かげ
（『千五百番歌合』春三・二百七番右勝・四一四・定家／『拾遺愚草』春廿首・一〇一四）

⑥ とどめおきし袖のなかにや玉くしげ二見のうらは夢もむすばず
（『歌合』（歌合建暦三年九月十三夜）・八番左・旅宿恋・一五・定家／『拾遺愚草』「建暦三年九月十三夜内裏歌合、旅宿恋」・二五六六）

⑦ たましひの入りにし袖の匂ゐさもあらぬ花の色ぞかなしき
（『拾遺愚草』「建久七年内大臣殿にて、文字をかみにおきて廿首よみ侍りしに、恋五首、かたおもひ」・二五七六）

⑧ うらめしや今日しもかふる衣手に入りにし玉の道まどふらん

（『拾遺愚草』「秋の暮をもろともに惜みあかしてさとへいでにける人に、いでぬ人につたへて」・二六一六）

⑨　おろかなる涙も見えぬ袖の上をとどめし玉と誰かたのまん　（『拾遺愚草』「返し」・二六一八）

「袖」に入る「魂」を詠み込んだこれらの歌は、中には⑤のように春の花を詠んだものもあるが、それ以外は恋心を詠じている。その点、『源氏』を経由した受容のあり方と軌を一にするものと理解できよう。また、こうして見ると、同時代の受容が、藤原定家詠に偏っている点に気づかされるが、定家は、自ら編んだ秀歌撰『定家八代抄』にも『古今集』九九二番歌を採用しており、詠歌に度々取り入れている。

では、定家の九九二番歌受容はどのようなものであろうか。

千五百番歌合に　皇太后宮大夫俊成

あはれなりうたたねにのみみし夢のながき思ひにむすぼほれなん　（一一三二）

題不知　読人不知

枕よりあとより恋のせめくればせんかたなみぞ床なかにをる　（一一三三）

陸奥

あかざりし袖の中にや入りにけん我が玉しひのなき心ちする　（一一三四）

題不知　読人不知

わりなくもねても覚めても恋しきか心をいづちやらば忘れん　（一一三五）

恋しきにわびて玉しひまどひなばむなしきからの名にや残らん　（一一三六）

『定家八代抄』（恋四）において、『古今集』九九二番「あかざりし」歌は右の通りに配列されている。ここには、『古今集』のそれとは大きな違いが認められる。まず注目されるのは、『古今集』詞書は排され、恋部に恋の歌として収められている点である。そして次に、前後に置かれた歌だが、これらはいずれも激しい恋情を表出したものであることがわかる。「枕より」歌は身を責めさいなむような恋心を表し、「わりなくも」歌もまた、苦しいほどに激しい恋の情熱を表現する。つまり、当該の引用部は、狂おしいほどの「情熱的な恋心」を表出した歌を配置した箇所に当たるのだ。

　渡邉裕美子氏は、『古今集』六八九番歌「さむしろに衣かたしきこよひもや我をまつらむうぢのはしひめ」について、『古今集』における配列と、『八代抄』の配列を比較して、そこから、「宇治の橋姫」を「悲恋」と結びつける、定家独自の同歌への視点を見出している。[13] その上で渡邉氏は、『八代抄』に見られる独自の視点は、定家の『源氏物語』摂取の試みと連動しており、定家の「橋姫」詠の「新しさのひとつの源泉となっている」と指摘する。となれば、当該の「あかざりし」歌の配列も同様に、『源氏』摂取を通して、『古今集』のそれとは相違した解釈がなされていることを示していよう。『八代抄』の配列は、定家が『源氏物語』を受け、その文脈に何より男君達の、苦しいほどに切迫した情熱的な恋心を読み取ることで、「あかざりし」歌を、そうした「情熱的な恋心」を表出する歌として位置づけ直していることを意味するのである。

　このような「情熱的な恋心」としての「あかざりし」歌の位置づけは、詠歌からも確認できる。

　　建久七年内大臣殿にて、文字をかみにおきて廿首よみ侍りしに、恋五首、かたおもひ

神なびのみむろの山の山風のつてにもとはぬ人ぞ恋しき（二五七五）
たましひの入りにし袖の匂ゆゑさもあらぬ花の色ぞかなしき（二五七六）
おくもみぬ忍ぶの山に道とへば我が涙のみさきにたつかな（二五七七）
もしほたれすまの浦浪たちならし人のたもとやかくはぬれけん（二五七八）
ひだたくみうつすみなはを心にて猶とにかくに君をこそ思へ（二五七九）

前掲の『拾遺愚草』所収の⑦は、右の通り、建久七年（一一九六年）「かたおもひ」の題のもとに詠まれたものである。「たましひの」の歌は、明らかに「あかざりし」歌を踏まえ、『とりかへばや』と同じく、「入」るの語を採用して、その恋心を歌っている。注目すべきは、同歌の眼目が、「かたおもひ」の激情、すなわち一方的ながらも情熱的な恋心を描き出すことに置かれていることである。同歌において「袖の中」に「入」る「魂」は、相手を恋する心の切迫性、一途に思う恋心の強さを印象づける上で格好の表現として用いられている。『古今集』九九二番「あかざりし」歌は、『源氏』摂取を通して、『古今集』に見られた友人間の戯れの文脈から切り離され、より切迫した「情熱的な恋心」を表す歌として解釈されていったのである。前引の同時代の和歌作品も、その流れの中にあるといえよう。そして、こうした歌において「袖の中」の「魂」という表現は、「情熱的な恋心」の喩ともなっている。

そうした中で、後述の二首には、この時代における『古今集』九九二番歌受容の様相と『とりかへばや』の用例とを照らし合わせ、その関連を解き明かしていく上で、注視すべき表現が認められる。

まず、前掲②の『家隆卿百番自歌合』の「夕ぐれの」歌。この歌における「袖の中」の「玉しひ」は、恋人との別れの後朝に残してきたものではない。

よもすがらおもひやりつるたましひは君がねざめにみえやしつらん

（『一条摂政御集』一三九）

の歌のごとく、恋しさに思いを馳せるあまり、魂が遊離し、身に代わって相手のもとを訪れるものとしてある。『古今集』九九二番歌を本歌とし、「袖の中」の語を用いることで相手への執心を描出しつつ、かつ、そこに魂が「いりなやむらん」、入りかねるのだろうかと、恋に逡巡し思い悩む心を表す。

つづいて、④の「時のまの」歌。『拾遺愚草』に収められるこの歌は、文治三年（一一八七年）「皇后宮大輔百首」の一首で、恋しい人の「袖の中」に少しでも紛れ入ることができるかと、身を離れて相手のもとに通う心に、身自体を連れ添わせたいと、情熱的な恋心を表現する。ただ、この場合、「魂」の語はなく代わりに「心」とある点で、九九二番歌とは一定の距離を持つとも考えられるが、[14]「袖の中にもまぎる」という発想の基盤には同歌があろう。そして、この「時のまの」歌も、「夕ぐれの」歌と同じように、別離の際相手のもとに残してきた「心」（魂）ではなく、離れた先で相手を思いやって遊離したことを思わせる、[15]恋しさに「かよふ心」を表現する。その上、「心」に「身」を添わせたいという、

思ひやる心にたぐふ身なりせばひとひにちたび君はみてまし

（『後撰和歌集』巻十・恋二・大江千古・六七八／『深養父集』四七）

右の歌のごとき発想を合わせて取り込み、恋する男の願望を表現するのである。なお、このような「袖の中」に入る（入ろうとする）「心」に「身」を添わせるという趣向は、「魂」と「心」との相違はあれ、『とりかへばや』の宰相中将の用例と重ね合わせて見た時、看過できないものともなろう。

ともかくも、「夕ぐれの」歌、「時のまの」歌はともに、恋しさのあまり相手の「袖の中」までに入りこんでしまおうとする「魂」（心）を詠出しており、その点では、相手のもとに「残した」とする『古今集』九九二番歌、およびそれを摂取した『源氏物語』以下の用例とは、「魂」の位置づけが異なっている。『源氏』などに見られた「袖の中」の「魂」は、相手との接近を果たし、親密な時間を過ごした後の離れがたさ、執着心を描出したが、当該の二首にあたっては、後朝の要素は後退し、身は遠く離れていながらも恋い焦がれ、思い余って「袖の中」に入ってしまうような強い恋慕の情を表す。切に相手を恋う「情熱的な恋心」は、今は遠く離れた恋人のもとへと「魂」を誘い、「袖の中」にまで入り込ませてしまうのだ。これは、つまり、「情熱的な恋心」の喩として「袖の中」の「魂」という表現を認識するがゆえの、バリエーションの一つといえよう。

以上のように、『とりかへばや』成立と前後する時代の和歌作品に目を向けると、定家周辺において、『古今集』九九二番歌、および、それを踏まえた「袖の中」の「魂」は、相手を強く思う心の現れ、激しくも苦しい「情熱的な恋心」の表象として用いられていたことがわかる。となれば、『とりかへばや』における先の垣間見場面中の（A）（B）の用例も、この流れの中にあると考えることも出来よう。宰相中将は美しい女性を垣間見ると、たちまちに心惹かれ、そのあまりに燃え上がった恋情ゆえに、彼女達の「袖の中」に我が「魂」が入ってしまったような心持を覚える。これは、「袖の中」の「魂」を「情熱的な恋心」の喩として捉える、定家周辺の解釈とも呼応している。先行作品と文脈上隔たりを持った、宰相中将における用例は、共時的な表現営為の中で生まれたと考えられる。

そして、後代の物語作品にも、右のごとき用法を継承したと思われる用例が一部見受けられる。

たゞこゝもとにて夜もあかしつべく見たち給へるに、宰相の君のあしをとすれば、かくてみえじと、いそぎたちのき給へど、只あの袖の内に我たましゐはとまりぬる心ちして、有にもあらず、ひきかへさるゝやうながら、立出給ふに、
（『苔の衣』春　三九頁）

いづくをも入たちわがまゝにおぼしたる御心は、つきぐしき物ゝひまもむなしからぬ事にて、いとよくみ給けり。（略）たゞこの月ごろうはの空にさらでもあくがれつるたましゐの、やがてこの御袖にとまりぬる心地して、たえがたき物思ひのつきぬるぞあぢきなきや。
（『恋路ゆかしき大将』巻二　二六六～二六七頁）

『苔の衣』の例は、中納言が西院の姫君の姿を初めて垣間見る場面、『恋路ゆかしき大将』は、端山大将による女一の宮垣間見場面である。要するに、右の傍線部における表現は、二例いずれも垣間見時の心中を表すものとして用いられているのだ。したがって、傍線部の「たましゐ」は、『源氏』やそれを受け継ぐ『浜松』『有明』のごとき、密なる接近を果たした後に、後朝の思いのままに「残された」魂ではなく、『とりかへばや』同様、燃え上がった情熱的な恋情ゆえに身を離れて相手の「袖の中」に入ろうとする魂を意味する。さらにいえば、この両作品とも男君は、当該場面を契機として恋心を募らせ、後に二人は結ばれる展開となる。これらは、『とりかへばや』の用法を継承したものなのだ。

このようにして見ると、『とりかへばや』の宰相中将における「袖の中」の「魂」の表現は、『古今集』九九二番「あかざりし」歌受容の時代的な変化にともなって生み出されたものだということがわかる。そして、後代には、そ

の用法も、同歌のバリエーションの一つとして享受されていった。

ただし、ここで改めて注意したいのは、宰相中将の（A）（B）両場面の差異である。前節において確認したように、垣間見場面にあたる（A）（B）は、表現上極めて類似、対応する一方で、文脈には差が認められる。（A）において宰相中将は、四の君の魅力に「魂」が遊離し、そのまま彼女の「袖のうち」に「入」ってしまった心持になる。そうして「魂」を失い、「現し心」をなくした彼は、「袖のうち」の「魂」に誘われるかのようにして忍び込む。他方（B）では、吉野の姫君達の姿に心奪われるものの、外聞を気にして、惹かれつつも押し入ることなくその場を後にしている。

この（A）（B）の差異を、同時代の和歌作品および後代の用例に照らし合わせて吟味してみれば、（A）の文脈が特異なものであることに気づく。まず、後代例である前引『苔の衣』『恋路ゆかしき大将』両例は、いずれも（B）の例に類似する。『苔の衣』の中納言は、その場を立ち去っており、傍線部は去り際の心中として語られる。彼は、その後も恋慕を募らせ、病臥するに及んで両親の知るところになり、その結果めでたく結婚をする。『恋路ゆかしき大将』の端山大将もまた、そのまま思いにまかせて押し入ることはせず、恋心を募らせつつ月日を経た後に、ようやく機を捉えて忍び込む。『とりかへばや』の用法を継承したかに見えた二例は、どちらも（B）の文脈によるのである。

さらに、先の和歌作品に目を移しても、同様のことがいえる。定家周辺に見られた「情熱的な恋心」の喩としての「袖の中」の「魂」は、あくまで一途に思う心の強さの表出に眼目が置かれている。離れた先でもずっと慕い続け、我が「魂」を相手のもとへ通わせる。「かたおもひ」の題からもわかる通り、同表現は、一途に思い続け、恋慕する心の表象となっているのだ。遠く隔てられた「身」と寄り添う「魂」との対比。これは、（B）の文脈および後代例とも抵触しない。身は離れようと、ひたすらに相手を恋い続ける、切実で情熱的な恋情。それが、「袖の中」の「魂」の表現の基盤にはある。

こうした用法に対して、（A）の文脈における「袖の中」の「魂」は、異質な展開を迎える。宰相中将は当該場面において初めて四の君の姿を垣間見、その刹那、相手の「袖の中」に「魂」が入り込んでしまった気持ちになる。同表現は、宰相中将の情熱的な恋情を描出するわけであるが、前述の先行例のみならず、同時代の用例と比較してみても、その文脈には飛躍がある。彼は、ここで生じさせた四の君に対する激しい恋心を、心ひとつに抱え込み、遠く離れた先で一途に思い続けることはしない。「袖の中」に「魂」が入り込む心地を覚えたその次の瞬間には、「魂」の後を身が追うようにして忍び込み、そのまま彼女に寄り臥していく。ここには、遠く隔たった距離も、また、一途に思い続けた時間もない。宰相中将は、庭の垣間見る者と、邸内の見られる者の間にある、わずかな距離に「あかず」と感じ、しかもその隔たりも、一瞬のうちに解消してしまうのである。他例に比してみれば、（A）の用法は、あまりに性急であり、かつ過剰なものであることがわかるだろう。『古今集』九九二番歌に託し、男君達が嘆いた、障害としての距離を、宰相中将はすぐさま無化してしまう。隔たった「身」と寄り添う「魂」との対比の構図は、引用後すぐさま失われてしまうのだ。四の君垣間見場面において、宰相中将は「情熱的な恋心」の表明として「袖の中」の「魂」の表現を用いるものの、同表現が抱え持った、遠く隔てられながらも一途に思い続けるイメージと、当該場面との間には落差がある。

そして、表現に対するイメージ、つまりは、同時代的な共通理解との落差は、極端に熱しやすく、先走りがちな宰相中将という人物を浮き彫りにする。身は離れたところで一途に思い続ける「情熱的な恋心」の喩、「袖の中」の「魂」は、（A）の文脈においては唐突であり、かつ、そのまま障害なく距離を無化してしまう宰相中将の行動に照らせば、彼自身の実際の状況とは乖離した過剰な表現となる。そうした過剰な表現の利用は、彼自身の思い込みの強さ、すなわち、実の伴わない、ことばばかりを飾り立てていくような過剰性を顕在化させていく。このような、人口に膾炙した表現を、それに対する共通理解とは「ズレ」のある文脈に据え、ことばと実情との落差をあぶり出していく手法は、宰相中将にまつわる引歌表現において顕著に見られる。[16] 宰相中将の恋を彩る数々の著名な引歌表現は、その表現が抱え持つ固有のイメージとは落差のある文脈に据えられることによって、現状を認識し得ず、ことばのみ過剰に飾り立てる宰相中将の人物像を前景化させ、彼を相対化していくのである。四の君垣間見場面における、この異質な『古今集』九九二番歌引用も、その一つといえるだろう。

対して、物語も終盤の（B）における宰相中将は、先の（A）とは異なり、恋心を内に秘めつつその場を後にしており、他例に通じる文脈になっている。こうした変化は、とりもなおさず、宰相中将という人物の変化に対応していよう。巻三において女君を失った宰相中将は、以降、「昔隈なかりし御心も名残なくまめになりて」（巻四　四六七頁）、「をさをさうち乱るることもなくてまめだち歩くめるにや」（巻四　四七五頁）と、かつての好色心は鳴りを潜めてすっかり「まめ」になったと評される。それに連動して、巻四の（B）では、（A）に見られた思い込みの強さも落ち着きを見せ、逸脱することもなくなったというわけであろう。ただし、一方で（B）において吉野の姫君の「袖の中」に入った「魂」は、失踪の女君を思い、心を尽くす中で「まれまれ残りたりつる魂」であるとあえて表現されている点には注目せねばなるまい。この文脈は、女君への激しい愛執の念と、吉野の姫君に対する情熱的な恋心が同時並列的に表されているのである。この用法もまた、一途で情熱的な恋情を表す同表現のイメージとの落差を強調するものである。宰相中将は、あくまで実の伴わない人間、すなわち戯画化された色好みとして描かれている。

五、おわりに

以上、『とりかへばや』における『古今集』九九二番歌引用表現「袖の中」の「魂」に着目し、その用法を時代的変遷と合わせ、分析、検討してきた。ここから見えてきたものは、九九二番歌受容の時代的変化との連動性と、さらには、そうした同時代的な共通理解とも一線を画した、『とりかへばや』の独自性である。

『源氏物語』を経ることで、親密な時を過ごした恋人に対する、男の未練、愛執の念を表す表現として位置づけられていった「袖の中」の「魂」は、やがて定家周辺において一途で情熱的な恋心の喩として認識されるようになる。そして、その認識と、先行物語とは隔たりを持った四の君垣間見場面、ならびに吉野の姫君垣間見場面の用法とは密接に絡み合い、連動している。だが、その一方、四の君垣間見場面における文脈は、「袖の中」の「魂」に対する同時代的な共通理解との間に「ズレ」があり、また、共通理解に沿った形にも思われる吉野の姫君垣間見場面にも、宰相中将を揶揄する表現が並べ記されているのである。

なお、定家周辺の和歌作品や、そこに見られる解釈との密着性や連動性は、作者未詳である『とりかへばや』成立の時代的文化的背景を解き明かす上で、看過しがたいものともなる。神田龍身氏は、現存『とりかへばや』の作者について、現存本全てが定家筆本を祖とする『更級日記』を典拠としたと思われる場面がある点、さらに、定家周辺の人の作と想定される『無名草子』に取り上げられている点から、「定家周辺の誰か」と推測する。[17] 本章において確認した上記の定家周辺和歌との連動性は、作者を定家に近しい人物とする神田氏の説の傍証ともなろう。「袖の中」の「魂」の表現に対する認識の近さは、影響の先後関係はさておき、同様の言語感覚を持ち合わせていたものと見なし得る。また一方で、同時に認められた「ズレ」からは、独自の世界を切り開こうという文学的営為の一端を見ることができよう。そして、このような定家周辺の和歌作品との連動性、および物語の文脈の独自性は、現存『とりかへばや』を生んだ文化圏と、そこにおける文学的営為の様相をひも解いていく上で、極めて示唆的なものとなる。

注

（1）本章では、便宜上、宮の宰相の呼称は、宰相中将に統一する。

（2）小島憲之・新井栄蔵『古今和歌集』（新日本古典文学大系）岩波書店　一九八九年

（3）『古今集』九九二番歌引用は、次の歌の詞書に登場する。あくまで友人同士の戯れとして利用されており、『源氏物語』以降の切迫性を持った文脈とは一線を画している。

斎宮の女別当、よそにあひてなにともいはで、又の日袖のなかにやといひたる返事に、

　べたうのきみ

ぬししらで空にうきたる玉をだに結びとどむる物とこそきけ　（『小馬命婦集』四八）

（4）恋の文脈に用いられたものとしては『和泉式部集』の次の例がある。

ゆくみちより、とどまるたましひをかたみにはせよといひたるに

わが玉はたびの空にもまどひなんともむべきそでの中はくちにき　（『和泉式部集』六二八）

また、『大斎院前の御集』においても、恋と関連させたものとして左記の歌があるが、あくまで遊離魂についての一般論として『古今集』九九二番歌を連想的に引用しており、自らの愛執を込めた『源氏物語』以降の趣向とは異なる。

十五日、月いといみじうすみてあかし、進のいとどしきそでにうつりてたまのやうにみゆれば、

　宰相

あかずといふたまこそそでにかよふなれうはのそらなる月もいりけり

　進

人こふるそでにもるべきあふ事をなみだのたまのかずにいれてむ　　（『大斎院前の御集』一二〇・一二一）

（5）その他、『源氏物語』における『古今集』九九二番歌引用を指摘される表現として「思へどもなほあかざりし夕顔の露に後れし心地を」（末摘花巻①二六五頁）があるが、「袖の中」「魂」の語を用いるものではない。

（6）『新日本古典文学大系』（柳井滋・室伏信助・大朝雄二・鈴木日出男・藤井貞和・今西祐一郎　岩波書店　一九九五年）は、参考歌とするにとどめる。

（7）高田祐彦「柏木の離魂と和歌」（『日本文学』四六―一二　一九九七年一二月）／「身のはての想像力―柏木の魂と死―」（『源氏物語の文学史』東京大学出版会　二〇〇三年）

（8）高田氏注（7）に同じ。

（9）なお、『狭衣物語』には「袖の中にや」（巻二①二五八頁）という表現が、我が子若宮に対する、狭衣の執心を表すものとして登場する。これは、『源氏』から『浜松』へと引き継がれていった、男女の恋における引用とは異なる『古今集』九九二番歌利用の形を持つが、『源氏』における男の愛執の文脈を重ねてみると、若宮への執着は、その産みの母、女二の宮への想念を背後に含ませた表現とも読み取れようか。

（10）『校注とりかへばや物語』（本書Ⅰ第一章注（2））、『中世王朝物語全集』（本書Ⅰ第一章注（10））、『新編日本古典文学全集』（本書Ⅰ第一章注（13））。

（11）本書Ⅰ第二章、第三章参照。

（12）『古今集』九九二番歌を経由せず、『法華経』を直接踏まえた「衣の珠」の例については、今回は省いた。

（13）渡邉氏（本書Ⅰ第三章注（8））に同じ。

（14）『訳注藤原定家全歌集』（久保田淳　河出書房新社　一九八五年）は参考歌にするにとどめる。

（15）浅岡雅子・神谷敏成「藤原定家『皇后宮大輔百首』注釈（下）」（『北見大学論集』一三　一九八五年三月）は、「時のまの」歌を「後朝恋」とする。だが、「かよふ心」という表現は、

雲ゐにもかよふ心のおくれねばわかると人に見ゆばかりなり　　（『古今和歌集』巻八・離別・三七八・深養）

遥なる程にもかよふ心かなさりとて人のしらぬものゆゑ　　（『拾遺和歌集』巻十四・恋四・九〇八・伊勢）

といった例からわかるように、離れた地から思いを馳せる意であり、他の「入りにし」「とどめし」「とどめおきし」と同質には出来まい。なお、『大斎院前の御集』にも、注（4）の例において「かよふなれ」という表現が見られる。ただし、この場合は前述の通り、あくまでも人から伝え聞いた、遊離魂についての一般論を表したものであり、「情熱的な恋心」の詠出を企図した定家歌の詠みぶりとは異なる。

（16）本書Ⅰ第二章、本書Ⅰ第三章

（17）神田龍身「とりかへばや物語」（『物語文学　研究資料日本古典文学一』明治書院　一九八三年）

第五章　引歌が引き寄せる物語
――『とりかへばや』巻二を読む――

一、はじめに

その後、かき絶え御文の返事もなく、雲居にもて離れたまへるに、すかし出だされたてまつりしことの、妬くかなしう悔しきに、またこの頃は呆れ惑ひて、ものの隙もやと内裏にのみさぶらへば、中納言の参りたまふを見るに、つゆも違はぬ顔つきの、かれはあてになまめかしう心にくき気色まさり、これははなばなといまめきて、こぼるばかりの愛敬ぞすすみたまふらんかしと見るに、胸つぶれて、思はんところも忍ばれずほろほろとこぼるるを、中納言もいとあやしと思したれば、「いはけなくより隔てなく見馴れそなれて、乱り心地のうちはへ苦しうのみなりまされば、ながらふまじきなめりと思ふにつけて、乱れまされば、心弱くめめしきやうにはべるぞや」と押しのごふ。「誰も千歳の松ならねど、後れ先だつ末の露のほどこそあはれなるべけれ」と言ひても、心のうちには、いかに我ををこがましとも見思ふらん、とはしたなけれど、なつかしううち語らふ。

（巻二　二六九〜二七〇頁）

現存『とりかへばや』巻二。尚侍に報われぬ恋心を寄せる宰相中将は、そのきょうだいである中納言（女君）の姿を目にするや、心乱れて思わず涙をこぼしてしまう。不審がる中納言に宰相中将は、涙の理由をごまかしながら親しげに語りかけ、一方、中納言もまた、心の内を隠して彼に応対するのであった。[1]

この場面において、親密そうに語り合う二人の会話文中には、右の傍線部のごとく引歌表現が三箇所に現れる。宰相中将の「ながらふまじきなめり」という発言に応じて発せられたことば、「誰も千歳の松ならねど」および「後れ先だつ末の露のほど」の典拠はそれぞれ、

うくもよにおもふこころにかなはぬかたれもちとせのまつならなくに　（『古今和歌六帖』四・二〇九六）

すゑの露もとのしづくやよの中のおくれさきだつためしなるらん

（『古今和歌六帖』一・五九三／『和漢朗詠集』下・七九八・遍昭／『新古今和歌集』巻八・哀傷・七五七・遍昭）

という、『源氏物語』をはじめとした先行物語にも、はかない命や死別の悲しみを訴える文脈においてたびたび引用される、著名な歌である。さらに、宰相中将によって、二人の親友関係を強調する語として用いられた「見馴れそなれ」は、長年連れ添った夫婦の仲を表すものとして『源氏物語』松風巻に既出の表現であり、

みなれぎの見なれそなれてはなれなばこひしからんやこひしからじや

という古歌を『源氏釈』が典拠として挙げている。つまり、当該の三表現は、いずれも『とりかへばや』が独自に編み出した引歌表現というよりも、先行例に倣い、選び取られたものと考えられる。

気弱く語りかける宰相中将と、それに同調する中納言。二人の会話中の引歌表現、「見馴れそなれ」は、宰相中将の馴れ馴れしさを、「誰も千歳の松ならねど」および「後れ先だつ末の露のほど」は、あくまで親友としての態度を崩さず、「死」を匂わす気弱な発言に、定番ともいえる著名な歌の引用で「老少不定」の世を嘆き、共鳴してみせようとする中納言の姿を浮き彫りにする。引歌を多用した会話は、古歌の引用を通じて他者との共鳴を図る貴族社会において、互いの親密性を保持しようとする二人の駆け引きの証しとも読み取れよう。

ただし、右の場面に見られる当該引歌表現は、上記のような、発話者と聞き手との意思疎通、あるいは発話者の内面の表出といった、登場人物の思惑、意識とは別に、物語の構想に深く関わり、引歌のもう一人の享受者、すなわち読者にのみ示された意味をも含み持つと考えられる。そして、それは伏線的に機能して、物語を牽引するのである。

二、先行物語における用法 ―― 夫婦のことばとしての「末の露」――

『とりかへばや』前引場面において三つの引歌表現は、男同士の友情の厚さ、固い結びつきを確認し合うことばとして利用されている。固い友情で結ばれた親友同士がやがて二人に訪れる死別を嘆くこうしたくだりから、まず想起されるのは、『源氏物語』柏木巻における柏木と夕霧との対面場面であろう。瀕死の柏木を見舞う夕霧のことば中にも、次のごとく当該引歌表現と類似の表現が現れる。

「後れ先だつ隔てなくとこそ契りきこえしか、いみじうもあるかな。この御心地のさまを、何ごとにて重りたまふとだに、え聞きわきはべらず。かく親しきほどながら、おぼつかなくのみ」などのたまふに、
（柏木巻④三一四〜三一五頁）

さらに、夕霧はこの後に御息所を弔問した際、柏木との死別に言及して、

誰ものどめがたき世なれど、後れ先だつほどのけぢめには、思ひたまへ及ばむに従ひて深き心のほどをも御覧ぜられにしがなとなむ。
（柏木巻④三二九頁）

と、同様の言い回しを用いる点から見て、同表現の基にある「末の露」歌が、二人の親友の死別の嘆きの主題を担っていることが理解されよう。

となれば、「末の露」歌を踏まえた『とりかへばや』の中納言のことばは、柏木巻に描かれる夕霧と柏木の場面の影響のもと、それに倣い、男同士の友情を模倣、変奏したものとも考えられる。だが、一方で、「末の露」歌の引用が認められる、その他の先行物語の文脈に目を移してみると、友人間の例はむしろ希少であることがわかるのだ。

後れ先立つほどの定めなさは世の性と見たまへ知りながら、さし当たりておぼえはべる心まどひは、たぐひあるまじきわざになむ。
（『源氏物語』葵巻②六三頁）

もし後れ先だつ道の道理のままならで別れなば、やがてこの恨みもやかたみに残らむとあぢきなさに、
（『源氏物語』柏木巻④三〇四頁）

ややもせば消えをあらそふ露の世におくれ先だつほど経ずもがな
（『源氏物語』御法巻④五〇五頁）

そのをり、かの御身を惜しみきこえたまひし人の多くも亡せたまひにけるかな、後れ先だつほどなき世なりけりや、
（『源氏物語』御法巻④五一四～五一五頁）

我も人も後れ先だつほどしもやは経むなどうち思ひけるよ。
（『源氏物語』椎本巻⑤二〇三頁）

言ひても言ひても、むなしき空にのぼりぬる煙のみこそ、誰ものがれぬことながら、後れ先だつほどは、なほいと言ふかひなかりけり
（『源氏物語』宿木巻⑤四五五頁）

この世のつねなきありさまにて、かかる、おくれ先だつほどの思ひ、なくやはある。
（『浜松中納言物語』巻四　三〇六頁）

嘆くも嘆くも、はかなき本の雫のほどの、おのづから過ぎなんとのみ思ひ取りつるに、
（『狭衣物語』巻三②九〇頁）

まいて、殿、上の御心の中どもは、疎かに思されねど、本の雫はいつとても同じことなれば、
（『狭衣物語』巻三②一八八頁）

御顔に単衣の御袖を押し当てて立たせたまへるより、御涙のつくづくと漏り出づるほども、「本の雫や」と、あはれにおろかならず。
（『栄花物語』巻十六・もとのしづく②二〇六頁）

別れ路はつひのことぞと思へどもおくれ先だつほどぞ悲しき
（『栄花物語』巻十六・もとのしづく②二三一頁）

「末の露」歌引用表現は右の通り、『源氏物語』葵巻、御法巻一例目、宿木巻、『栄花物語』においては、夫婦をはじめ、思う男女の死別に関連して現れ、柏木巻、椎本巻、『浜松中納言物語』では親子間の死別を表現する。周囲の近しい人々の死を嘆く御法巻二例目や、一般にいう老少不定の世を表現した『狭衣物語』の例もあるものの、多くは夫婦、恋人や親子といった極めて親しい関係性の中で登場するのである。

いい換えれば、「末の露」歌に由来する「後れ先立つ」死別の嘆きを同性友人間に描いた、先の柏木巻の例は、他例に比して異質であり、それ故に、前掲場面の夕霧のことばは、夫婦を連想させる表現として「同性愛」とも評されるものとなっているのだ[2]。この点を踏まえた時、自ずと注目されてくるのが、『とりかへばや』当該場面に、加えて夫婦を連想させる表現、「見馴れそなれ」が用いられていることであろう。

ただ、あだにうち見る人のあさはかなる語らひだに、みなれそなれて別るるほどはただならざめるを、
（松風巻②四〇二頁）

先述の通り、傍線部は『源氏物語』松風巻において右のごとくに長年連れ添った夫婦関係を表し、「見馴る」を強調する語として利用されている。また、『源氏』葵巻には、

ありしよりけに誰も誰も紛るる方なく見なれ見なれて、えしも常にかからずは、恋しからじや。（葵巻②五九頁）

との類似表現が見られており、この基も前掲「みなれぎの」歌に辿られると解されるが、これは、葵の上の死後、葵

の上方の女房達と過ごした時間を懐かしむ源氏のことばであって、夫婦仲を表現したものではない。とはいえ、この表現は、源氏が左大臣家で喪に服した期間、女房達と身近に暮らしていたことを前提にする。要するに、右の傍線部は、身近に生活を送る状況を表す点で、夫婦間の用例に通じているのである。となれば、あくまで生活を別にする友人間に用いる宰相中将のことばは、少々過剰な言い回しといえよう。

三、引歌が引き寄せる物語

前節で確認した通り、「末の露」歌および「みなれぎの」歌引用は、先行物語においては多く夫婦間に見られるものであった。要するに、中納言と宰相中将との対話の場面には、短い会話の中に夫婦の絆を連想させる引歌表現が二種登場しているのである。無論、恋人間に用いられることばを同性友人間に転用したやり取りは、贈答歌においても散見され、不思議なことではない。けれども、中納言と宰相中将との場面については、柏木と夕霧との場面とは異なり、男同士と見えた二人が、実は男と女であったという、『とりかへばや』ならではの問題が働く。さらにいえば、前引場面につづいて語られるのは、

かくのみ思ひわび、ひとつ心にあはれを知る方とても、（略）かたみにいみじうつつみたまふほどに、あひ見ることは夢よりもげにいとはかなく難し。

いま一方はた、すかし出だされにし後、今はいよいよもて離れつれなきに、まことに枕よりあとより恋のせめくる心地して、左右の袖を濡らしわびつつは、かたがたの形見と、中納言のいと見まほしかりければ、すずろな

るやうなりともいかがはせんと思ひておはしたれば、「出でさせたまひぬ」とて、なし。うちの方を見入れて歩み進みては入らまほしけれど、かひなければ、うち嘆くをことにて、「いづち出でたまへるぞ」と問へば、「大殿におはする」と聞こゆれば、そなたざまにおはしたり。（巻二　二七〇〜二七一頁）

という恋い焦がれる女君二人の形見として中納言を慕う、宰相中将による左大臣邸訪問場面であることは看過できない。なぜなら、この時、宰相中将は中納言の魅力に惑乱し、強引に寄り臥した上、ついに男女の肉体関係を結ぶに至るからである。つまり、宰相中将と中納言とは、当該場面における夫婦のごとき会話の後に、ことばに引き寄せられるように、同性友人関係から男女の恋人関係へと転じていくのである。

もちろん、当人達はそれを知る由もないが、物語読者に対してこれらの引歌表現は、二人の関係が多分に男女の関係に発展し得るものであることを示唆する伏線的な機能を担っているのだ。ここからは、引歌表現が持つ多義的な役割が垣間見えてくる。(3)

鈴木泰恵氏は、『狭衣物語』におけることばの多義性を論じて、女二の宮の物語において、物語の多義的なことばが、「人物の内的必然性を差し置いて、物語を説明づけ論理化」している点を指摘し、ことばが「人物の内面とは別に」、「ひとつの事態を論理化し促していく」と述べる。(4)

『とりかへばや』の当該場面に見られることばもまた、人物の運命を象るものとなっている。宰相中将と中納言とのやり取りは、『源氏物語』の夕霧と柏木の親密な友情をなぞりつつも、彼らが男と女であることによって、本人達の当座の意識とは別に、睦まじい夫婦という可能性を喚起していく。宰相中将はこの時中納言が実は女であることを知らない。けれども、恋しい尚侍の姿を中納言に重ね合わせる彼は、恋人同士を思わせるような馴れ馴れしさで彼

（彼女）に語り掛ける。そして、それに中納言が応じるごとく答えた時に、中納言と宰相中将とのこの後は運命づけられたといえるかもしれない。要するに、当該引歌表現は、中納言が宰相中将に対して持つ両義性、すなわち同性の友人でありながらも、異性恋人関係にもなり得る存在であることを読者に暗示する機能を持つのである。

四、内と外とのギャップ

親友同士の交情の中に夫婦の可能性を潜ませる宰相中将と中納言との当該の場面は、男装の女君であるという中納言の外と内とのギャップが端的に現れた場面といえよう。だが、ここに描かれるギャップはそれだけではない。前引場面にもう一度目を移してみると、二人のやり取りの直後には、波線部の通り、宰相中将のことばに表面的には同調してみせる中納言の、相反した心中が描かれ、内面と外面との「ズレ」、ギャップが明示されている。つまり、宰相中将に応えてみせる中納言のことばは、あくまで表面上の「演技」として位置づけられているのである。これについて『新編日本古典文学全集』(5)は、

中納言は、涙ぐむ宰相中将の言葉に同調し、心中の思いを隠して親しく語らう。心中思惟と会話のギャップは、本性と異装、内実と外見など、物語そのものの構造とも響き合う。

と述べる。親友、さらには寄り添う夫婦の親密さを思わせる中納言のことばの裏には、宰相中将を突き放した冷静なまなざし。それは、この後に男女の関係となった二人が辿る、擦れ違いと破綻の運命を予感させるものでもある。

さらにいえば、そもそも中納言が引用した「誰も千歳の松ならねど」「後れ先だつ末の露のほど」という表現にも、先行例に比してみるとその用法にギャップが見られる。まず、先に見た通り、「末の露」歌引用の表現は、先行物語においては、柏木巻の例に代表されるごとく、実際の死に瀕して登場し、会話文中であれば、死別を嘆く心を表す。また、「誰も千歳の松ならねど」の基となった、前掲の『古今和歌六帖』二〇九六番歌である「憂くも世に」歌を引用した同趣の表現は、以下の通り、

誰も千歳の松ならぬ世は、つひにとまるべきにもあらぬを、　（『源氏物語』柏木巻④二九〇頁）

げに、誰も千年の松ならぬ世をと思ふには、いと心苦しくあはれなれば、　（『源氏物語』宿木巻⑤四四六頁）

誰も千歳の松ならねば、もののみ心細く思ひはべりて、すずろに心弱きやうにもなりもてまかるかな　（『夜の寝覚』巻一　一一九頁）

命も千歳の松にしもおはせじ　（『夜の寝覚』巻五　四四一頁）

誰も千歳の松ならねば、限りと聞き閉ぢめさせたまはむ御心まどひは、我もまさりて、いみじくおぼしめされぬべきも、　（『夜の寝覚』巻五　四七四〜四七五頁）

心もくだけまどひて、げに、かの御身も千歳の松かは。世こそ変れ、つねなきことは同じことなんめり。　（『浜松中納言物語』巻四　三六二頁）

と、やはり、人の命が永遠ではないことへの感懐、無常の念を表現する。さらに、後代においても同様の表現は頻出しており、同じく、人のはかない命および死別を示すのだ。中でも、『あきぎり』における次の例は、『源氏物語』柏

木巻を踏襲したものと考えられる。

たれもちとせの松ならぬ身は、おくれたてまつるべきかは」とて、いと心ふかげにうちなき給ふさまども、いとあわれなり。たがひになごりをしみ給ひながら、なく〳〵かへり給ひぬ。（下　六七頁）

傍線部の通り、「憂くも世に」歌引用の表現は、衰弱した大納言に対しての中納言のことばの中に登場する。その点、親しい友人間における用法として、『源氏物語』柏木巻、ひいては『とりかへばや』当該場面に通じるようにも見える。

だが、これら他作品の例が共通して、実際の死に瀕しての感懐といった、切迫した文脈上に据えられているのに対して、『とりかへばや』では、あくまで、ことばの上でだけ過剰に「死」を匂わす宰相中将に、ことばでだけ応答したものとして登場する。先行例などの描く深刻さとは大きく乖離するのである。この差は決定的なものといえよう。

こうした「ズレ」は、『とりかへばや』における引歌表現の位相を考える上で、極めて示唆に富んでいる。物語において、登場人物の発する引歌表現とは、一般に、登場人物の「内面」を反映し、「深層」を語るものとして機能する。(6)だが、先にも見たように、『とりかへばや』の引歌表現は、心の深層を語りはしない。むしろこの時点の中納言にとっては、友人としての外面を装飾することばとして機能しており、この場面における引歌表現は、作品の異性装のモチーフに呼応するように、内面と外面という二重の世界を築き上げる役割を果たしているのである。

さらに、引歌のもう一つの重要な要素としては、話し手と受け手の間の、引歌表現に対する共通理解に裏打ちされた、両者の「共感」が考えられる。河添房江氏は、引歌を、「享受者との心的連帯をつなぎとめていく表現営為といいうる」とする。[7] 柏木巻におけるやり取りに見られるように、先行物語における両引歌表現は、口にされ、耳にされることで、親しき者同士にも訪れる死別に対する悲しみの「共感」を生み、そこから「心的連帯」が結ばれた。

ところが、『とりかへばや』の中納言は、当該表現によって、この「心的連帯」を演じているわけであって、ここには、引歌表現による「共感」の利用が認められるのだ。この用法は、引歌の前提を利用した、男装の女君である中納言の処世術といっても過言ではない。

このように確認していくと、『とりかへばや』当該部面からは、発されたことばと、心とを峻別し、ことばによって紡がれ、共有される世界を、外面的なもの、すなわち演じられる世界として割り切り、内面とは必ずしも一致しないものとして位置づける、この物語の姿勢が窺える。発せられることばは、内面を吐露するものではなく、あくまで外面を装うものとして機能する。それは、引歌表現であっても変わりはなく、「共感」や「心的連帯」を、文字通りことばの上だけで演じるものとしてある。

ことばと実とのギャップ。ここに見られる、中納言の引歌表現の利用は、先行物語における引歌表現の位相を打ち崩していく。発せられた引歌表現は、あくまで「共感」および「心的連帯」を表面上結び、享受者との関係を円滑に取り持つ道具でしかない。しかも、この物語の中で、そうした引歌表現の用法が認められるのは、中納言に限らない。女装の男君もやはり、第一章で確認した通り、尚侍であった時分、押し入った宰相中将を宥めすかす手段として、「志賀の浦」の表現を利用している。

当該場面での宰相中将と中納言の引歌をふんだんに用いた会話、および、宰相中将と尚侍による「志賀の浦」のかけひきでは、内面を押し隠してその場をやり過ごす、男装の女君、女装の男君の様子が描出される。その両場面において、引歌表現が、表面的に相手に同調する手段、外面を取り繕う建前上のことばとして利用されていることは、注目に値しよう。ここからは、「ことば」に対する現存『とりかへばや』の姿勢が垣間見えてくるのである。

五、おわりに

現存『とりかへばや』には、幾重にも内と外とのギャップが仕組まれている。こうしたギャップは、性の入れ替えを描く『とりかへばや』全体の構想とも重なり合う。そして、そのギャップを前面化させているのが、ここに見られた引歌表現の用法なのである。

まずは異性装によるギャップ。そのギャップゆえに、一見男同士の親友の間には、男と女の夫婦、恋人にもなり得るという可能性が潜在し、常に付きまとい続ける。そして、その可能性は引歌表現によって喚起されていくのだ。続いて外面的なことばと内面、すなわち心とのギャップである。表面的に相手に寄り添うことばの裏には、それとは相反する心情が描かれる。そこでは、引歌表現が外面を装い、「共感」や「心的連帯」を演じるための手段として利用されている。

加えて、『とりかへばや』に現れてくる、ことばと内実とのギャップの問題は、異性装のきょうだいに限ったものではない。第一章から第四章で確認してきたように、宰相中将の用いる多くの引歌表現は、内実を反映しない過剰なことばの数々であった。それは当該場面においてもいえることであり、同性友人間に、長年連れ添った夫婦を思わせる「見馴れそなれ」を用いるという過剰性を見せている。つまり、親しげに語らう中納言と宰相中将のことばは、いずれも内実、内面から遠く隔たった、虚飾に満ちたものといえるのだ。ここからは、ことばと心、あるいは実情とを切り分け、ことばの上でのみ同調、共鳴しつつも、その実すれ違っていく二人の関係性が透かし見えてこよう。

『とりかへばや』巻二での、中納言と宰相中将の会話に多用される引歌表現からは、現存『とりかへばや』における引歌表現、ひいては、ことば自体の位相が浮かび上がってくる。引歌表現が物語全体の構想と関わり、登場人物の内面とは別に外側から人物を象り、その運命を引き寄せる一方、それはあくまで外側の世界とし、象られたものとは相反する内面を描き出すことで、外と内の世界を峻別してみせる。ここには、引歌表現利用の新たな可能性が潜んでいるのではあるまいか。

注

（1）本章での人物の呼称は、該当場面の性質上、男装の女君を中納言で統一する。
（2）玉上琢彌『源氏物語評釈』第八巻　角川書店　一九六七年
（3）高橋亨氏は『源氏物語』柏木巻における引歌表現を分析して、「引用とその主題的変奏、さらに自己対象化の表現法によって、引き歌がその限界を超える主題的な表現構造」を論じている（「源氏物語の内なる物語史」『国語と国文学』五四—一一　一九七七年十一月／『源氏物語の対位法』東京大学出版会　一九八二年　所収）。
（4）鈴木泰恵「狭衣物語の表現機構—女二宮の物語をめぐって—」（『国文学研究』一〇三　一九九一年三月／「ことばに埋没する女二宮—ことばのメカニズム」『狭衣物語／批評』翰林書房　二〇〇七年　所収）
（5）本書I第一章注（13）
（6）本書I第一章を参照のこと。
（7）河添氏（本書I第一章注（29））に同じ。

第六章　「心の闇」考

一、はじめに

我が子を思い、その身を案じて嘆く親心は、古今東西の文学作品に様々な形で語られ、現代においても読者の心を震わせるテーマの一つである。鈴木弘道氏は、現存『とりかへばや』を解説するにあたって、この物語に見られる親子愛を指して以下のごとく語る。(1)

とりかへばや物語は、左大臣の、子に對する愛情が最も根本的な要素をなし、そこから兄弟愛が生れて物語が發展し、最後には、宇治の若君に對する大將（女）の愛情を大きく點出して結末を飾るなど、倫理的な愛情が主流となつてゐると言つてもよいであらう。何か事件が起れば悲しんだり喜んだりする親を登場させるのも、そのやうな一貫した主流から自然に現れた趣向ではなからうか。

「倫理的な愛情」を重視するこのような見解は、『とりかへばや』に付きまとった「怪奇」「醜穢」[2]との評言をことさら払拭せんとするきらいはあるものの、確かにこの物語には父大臣をはじめ、吉野の宮ならびに女君らによって、親の子を思う痛切なる心情の描写は繰り返されており、その点においては、『とりかへばや』が親子の愛情の描出に比重を置いていることは首肯される。[3]

さらに、鈴木氏は「この物語の中で、最も強烈に母性愛を描写している箇所」として、女君と宇治の若君との生別および再会の場面を挙げ、女君の母性愛を強調した上で物語中幾度も利用される藤原兼輔詠の次の歌、

人のおやの心はやみにあらねども子を思ふ道にまどひぬるかな

（『後撰和歌集』巻十五・雑一・一一〇二・兼輔／『大和物語』四十五段）[4]

を典拠とした引歌表現を引用しつつ、

親の子に対する愛情は、古くは古事記・日本書紀・万葉集・伊勢物語・今昔物語、その他、とりかへばや物語以外の平安末期物語にもしばしば見られるから、特別に珍しい心情ではないが、特に、種々の災厄、仏教の堕落、道義の頽廃、血なまぐさい戦乱、などの見られる「末世」であるにもかかわらず、あえて人間自然の美しい本能を物語中に取扱った、作者の人柄や道徳的識見に対しては、まことに敬服せざるを得ないのである。

と、普遍的な親子の情に言及している。[5]

この兼輔歌に基づいた表現は、『源氏物語』に多用されて以降、[6]『夜の寝覚』『浜松中納言物語』『狭衣物語』などにも利用され、その後、中世の物語においても頻出する。その中でも、同歌を典拠とする「心の闇」という語は広く受け入れられ、末澤明子氏が「一つの一般的なことばとして定着した」[7]と述べるごとく、子を思う親の惑乱を表すキーワードとして熟し、引き継がれていった。

こうした利用状況を見ると、「人のおやの」歌引用の表現は、普遍的な切なる親心の表象として慣例化し、次第にその語自体がそのまま「親心」に置換可能な慣用句ともなって継承・踏襲されていったようにも思われる。

そして、『とりかへばや』においても、当該兼輔歌を引く箇所は四例確認され、先行物語同様、他の引歌に比べ引用回数は多い。けれども、これらの例には、その用法において看過しがたい問題が潜んでいる。というのも、『とりかへばや』には驚くほど、兼輔歌によった、子を思う「闇」に迷うとされる人物が存在しないのだ。つまり、鈴木氏の指摘のごとく親の子を思う情自体は再三にわたって語られ、印象づけられるのにもかかわらず、この物語に出現する「人のおやの」歌引用表現は、純粋に痛切なる親心が語られる文脈上に据えられているとはいえないのである。

右の事態は、『とりかへばや』における兼輔歌利用の背後に、切なる親心の表象とは別の論理が働いていることを示唆する。少なくともそれらの表現を、鈴木氏のいうように「人間自然の美しい本能」としての親心の表明にそのまま結びつけることは出来ないだろう。では、この物語において「人のおやの」歌は、どのような文脈のもとに、どう位置づけられ、そして利用されているのであろうか。

本章では、『源氏物語』後の物語に頻出する当該の兼輔歌引用の語の、『とりかへばや』の文脈上における位相を、先行物語の文脈に照らし合わせつつ探っていきたい。そこからは、先行物語から継承した言葉を鍵語として先行作品が描く世界を集約し、自らの描き出す世界と対置させて、二つの世界の違いを浮彫りにするという、この物語の周到な先行物語意識と創意工夫の軌跡が窺えよう。そうした技法は、『とりかへばや』の先行物語に対する批評的視座を多分に反映したものと考えられるのだ。

二、『とりかへばや』における「心の闇」

（A）ただ、母上の人におされぬおぼえあなづらはしからざめるを見捨てたてまつりては、いかなる闇にか惑ひたまはん、殿も不用の者とも思し捨てず、一日も御覧ぜられぬをばいとおぼつかなきものに思したるなどを、さまざま背き捨てたてまつりてもいとど罪浅からずこそならめと、（巻一　二二〇～二二一頁）

（B）おどろきてうち泣きたまへるを、うちまぼりつつ身を分けとどむる心地してゐざり出でたまふを、人は何よりも子の道の闇は思ひ返さるべきわざなるを、さこそ言へ、男にて馴らひたまへりける名残の心強さなりければなるべし。（巻三　三八四～三八五頁）

（C）いさや、現ならぬ心地しはべるは、なほもの思ひに現し心の失せはべりにけるにやとなんおぼえはべれど、今はいかがはせん。行方なき御形見と見たまふる人も、さすがに男の身なれば片時たち離れでもあるべきやうなし。おのづから暇なくて見ぬ日もいとうしろめたくはべるを、今はこの御あたりにさぶらはせてこそは心やすく思ひたまへめ。さりとも誰もよも思しめし捨てさせたまはじと思ひたまふる人の上なれば、かく聞こゆるもをこがましけれど」とて、忍びあへずほろほろとこぼれぬるも、心苦しう大将見たまひて、「げにしか思すらん、ことわりに思ひたまへ知りながら、みづからのあやまちにもはべらず、人の御咎にもなきことなれば、聞こえさせん方なくて。これならでは月ごろの御恨みとくる方はべらじと思ひたまへてなん。おぼえなくにはかに思しめさるらめども、さりとも世におろかには思されじと、心の闇に惑ひはべりて」となん聞こえたまふ。

（巻四　四九五～四九六頁）

（D）　大将の御心もおろかならずこの御方ざまに親しくものせさせたまふにことづけて、御簾のうちにも入れきこえて、いみじう興じうつくしみたてまつるを、女院も、さこそものづつみしあえかなる御心なれど、いとうつくしげにおとなびたまへるさまを、御心の闇は、いみじうかなしうなん見たてまつりたまひける。

（巻四　五一〇頁）

以上が『とりかへばや』内に見られる兼輔歌を典拠とする表現の全用例であり、(8)（A）の例は女君の心中において母君に、（B）は女君に、（C）は男君に、（D）は女東宮に用いられる。

前述の通り、他の引歌に比しても引用の回数は多く、その点にのみ注目すれば、一見、同引歌表現の度々の出現は、この物語が親子の情愛の描写に力を注いだ結果のようにも見える。しかし、実はこの四例中において、真に子を思う「闇」に迷った人物として語られているのは、（D）の女東宮ただ一人なのであって、その他の例はそれぞれ趣の異なるものとなっている。中でも（B）の女君にいたっては、それが波線部の記述のごとく否定されるものとして登場している点で特異な用法といえるのだ。(9)また一方で、切なる親心が繰り返し表される人物であるはずの父大臣と吉野の宮に関しては、兼輔歌引用の表現はまるで登場しない。すなわち、純粋に痛切な親心の情が語られた、この父親達の文脈には同表現は据えられていないのである。こうした点を見ると、『とりかへばや』は当該引歌表現を、ただ親心の哀切を表象したものとしては位置づけてはおらず、また別の論理がその背後に存在することが想定される。ならば、この根底に働いた論理とはどのようなものであって、なおかつ各文脈において同引歌表現は、いかなる機能を担っているというのか。

それを探るべく、まずは『とりかへばや』の用例の各文脈上における具体的様相を見ていきたい。（A）は、四の君の妊娠を知った女君の衝撃を表した心中思惟である。彼女はこれまで遁世を希望していたけれども、両親のことを思って留まっていたという。傍線部の表現は母君を指しており、女君は自身が見捨てては母が「闇」に迷うのではないかと心配する。他方、父大臣に対しては当該引歌表現は用いられない。

ところが、いざ彼女が失踪したとき、狼狽し悲嘆する心が実際に描かれるのはむしろ父大臣の方なのである。彼は、「すべてものおぼえたまはず、なき人にておはす」（巻三　三二八頁）、「ほれぼれと臥し沈みたまひにたるを」（巻三　三四〇頁）とあるごとく心痛のあまりついには病臥してしまう。対する当の母君は、そもそも女君の失踪以前、妊娠した彼女の「いたう面痩せて、うちしめりてさぶらひたまふ」（巻二　二九九頁）様子にも、「なかなかいとあらあらしくて、いかなることも見とがめたまはず」（巻二　三〇一頁）と気づかぬ大雑把な人間として造型されている。これは、父大臣の同場面における動揺ぶりとは対照的な反応であった。もちろん、母君もまた娘の失踪に打ちひしがれ悲嘆したことは想像されるものの、父大臣の嘆きの陰に隠れて彼女の悲痛な心中は語られない。

よって、この傍線部は、単に子への思いに惑乱する心を指して、親子間の深い恩愛を強調したものではないと推測される。そこで（A）の波線部に注目したい。これは母君が身を置く現状を表したものであるが、ここにおける「おぼえ」の解釈に関して諸注釈書の意見は大きく二つに分かれる。『講談社学術文庫』『新釈とりかへばや』『新日本古典文学大系』は、これを「母君に対する父左大臣の愛情」ととるが、『校注とりかへばや物語』『新編日本古典文学全集』は、「母の私（女君）に対する愛情」と解している。(10) だが、「おぼえ」とはそもそも「おぼゆ」の名詞形であるから、受身の形で理解すべきであり、「(人物の)おぼえ」となった場合には、その人物が受ける他からの愛情の意となる。ゆえに、当該の「おぼえ」もまた、母君の子への愛情ではなく、「母君に対する父大臣の愛情」として解さねばなるまい。また、『新日本古典文学大系』は「人におされぬ」を「人にまさった」と訳出するが、これはどうだろうか。「人におされぬ」とは、

むげの末に参りたまへりし入道の宮に、しばしは圧されたまひにきかし。（『源氏物語』若菜上巻④四一頁）

などを反転させた表現であるが、だが果たしてそれは、著しい寵愛を表すような肯定的な言い回しといえようか。あくまで「人におされぬ」とは、人に圧倒されてはいない、誰かに負けているわけではない状況のみを指示すると考える。思えば、「あなづらはしからざめる」というのもまた持って回った言い方であった。このような表現はやはり物語冒頭部、

上たちの御有様のいづれもいとしもすぐれたまはぬを、思すさまならず口惜しきことに思したりしかど、今は君たちのさまざまうつくしうて生ひ出でたまふに、いづれの御方をも捨てがたきものに思ひきこえたまひて、今はさる方におはしつきにたるべし。（巻一　一六六頁）

とのくだりに語られる、母君の微妙な立場に根差したものではなかろうか。星山健氏も指摘するように、父大臣は二人の北の方双方に不満を感じてはいたものの、子供達の誕生によって夫婦仲は一応の落ち着きを見た経緯がここでは

説明されている。[11] 要するに、女君の母君の、妻としての立場は、男君の母君に圧倒されてはいないが、また一方で、先方をしのぐ勢いというわけでもなく、かつ、その立場自体も、結局子の存在ゆえに獲得されたものであったわけだ。だからこそ、安定の切り札たる子の女君を失っては、母君の状況は危ういものとなってしまうのではないか、女君はそれを案じるのである。

なお、この「いかなる闇」という言い回しは、他の「子の道の闇」や「心の闇」という語に比べ、子を思う親の「闇」に限定したものともいい難いのではないだろうか。「闇」という語は、死別の悲しみ、親しい人物を喪失した者の陥る「闇」をも想起させる。すなわち、女君という、いわば拠り所を失った母君の陥る「闇」をも描出するのだ。女君という「光」を失っての「闇」。[12] 当該箇所は、そのような二重の読み取りを可能とする幅を持たせた表現なのである。

ともかくも、この「いかなる闇」の語は女君の心中にしか出現しない。実際の母君の心境は追求されることはなく、親の嘆きは「人のおやの」歌引用がなされない父大臣にのみ担わされる。『とりかへばや』は当該歌による表現を、子を溺愛するがゆえの惑乱、あるいは切なる親心が表出される文脈に据えようとしない。

次に（B）はひとまず置いて、先に（C）の検討に移る。これは、今大将となった男君と、彼によって婿取られた権中納言（宰相中将）との対座場面である。女君を失った自らの哀惜と、我が子の宇治の若君への情を語る権中納言に、男君は傍線部「心の闇」の語を用いつつ返答するのであったが、ここで男君の述べる「心の闇」の指す対象を誰と解すかで、「宇治の若君」説（『校注』『新釈』）と「吉野山の宮の妹宮」説（『学術文庫』『新編全集』）[13]、および「どちらとも分かりにくい」（『新大系』）とするものに諸注釈書の解釈は分かれる。だが、ここでは、吉野の中の君の話題にも触れるとはいいえ、権中納言の発言の眼目は宇治の若君への思いであるのであって、男君はそれに応えていると考えられる点、そして何より、男君は吉野の中の君の後見人ではあっても、それがすなわち養女を意味すると断ずることは出来ず、また、養子関係をも含め、後見役という関係性のもとで「心の闇」の語が使用されるかどうか他作品の用例に鑑みても[14]疑問がある点より、このことばは、やはり宇治の若君を意識したものと考えるべきであろう。つまるところ、男君が用いる「心の闇」の表現は、権中納言を取り込むための「そらごと」に近く、彼はあくまで「心の闇」に迷うポーズを取っただけで、真実それに惑う心を表明したわけではない。したがって、この（C）の男君もやはり「心の闇」に迷った人物ではない。

　続く（D）は、間違いなく「心の闇」に迷う唯一の例である。女東宮と男君との間に生まれた秘密の若君は、吉野の大君の養子に迎えられ養育されるが、物語終末近く、童殿上によって、女院となった女東宮のもとにも参上する。傍線部「御心の闇」には、母と名乗れないままに、我が子いとしさに思い乱れる女院の心情が込められている。彼女だけが、『とりかへばや』において実際に「心の闇」に迷ったと見なされるただ一人の人物なのだ。

　さて、この（D）とまさに対照的であるのが、特異な用法が認められる（B）の例といえよう。前引のくだりは、女君の宇治脱出時における、彼女と宇治の若君との別れを語る。ここにおいて傍線部「子の道の闇」の語は、前述のように、否定されるものとして登場する。この文脈は、「子の道の闇」に迷う人物達と女君とを差別化し、彼女がその「闇」を払拭するのに成功したことを語っている。女君には子を思う「闇」の要素は排されているのだ。子への愛情はあるものの、彼女はそれによって宇治に留まる選択はしない。「人」は何にもまして「子の道の闇」によって決意を翻してしまうものだが、女君の場合「男にて馴らひたまへりける名残の心強さ」があるために、そうはしなかったのだという。翻っていえば、女君における「子の道の闇」に迷う心の排除は、彼女の男装経験に起因している。となれば、この特異といえる用法は、そのまま女君の特異性に繋がるといえよう。したがって、『とりかへばや』における「人のおやの」歌引用の位置づけを明らかにすることこそ、女君という人物を考察する上でも重要な意味を持つのである。

以上のように、『とりかへばや』は兼輔歌を踏む表現を、切なる親心の情愛を語ったものとは異質な文脈に据えている。そのため同表現は、単なる、愛する子を思う普遍的な親心の表象としては機能し得ず、ある特定の意味を含んだものとしての役割を担っていると考えられる。ならば、この物語はこれら表現に何を見、いかなる役割を持たせているのだろうか。それを理解するために、以下は、先行物語における当該引歌表現の用法を確認し、そこから『とりかへばや』が何を引き継ぎ、かつ、それをどのように利用したのか吟味していく。

三、先行物語における「心の闇」

先にも述べたように、『源氏物語』には数多くの当該兼輔歌引用の表現が見受けられる。そのような中で光源氏は、萩野敦子氏の指摘のごとく「「子を思ふ道」に惑うことのない「親」」であるが、[15] その一方で親としての「闇」に迷い、揺らぐ人々の心が様々に語られている。その代表的な人物といえるのが朱雀院であろう。

「幼き人の、心地なきさまにて移ろひものすらんを、罪なく思しゆるして、後見たまへ。尋ねたまふべきゆゑもやあらむとぞ。

　背きにしこの世にのこる心こそ入る山道のほだしなりけれ

闇をはるけで聞こゆるも、をこがましくや」

(若菜上巻④七五頁)

こまやかなること思し棄ててし世なれど、なほこの道は離れがたくて、宮に御文こまやかにてありけるを、
（若菜下巻④二六七頁）

「世の中を、かへり見すまじう思ひはべりしかど、なほ、まどひさめがたきものはこの道の闇になむはべりければ、行ひも懈怠して、もし後れ先だつ道の道理のままならで別れなば、やがてこの恨みもやかたみに残らむとあぢきなさに、この世の譏りをば知らで、かくものしはべる」
（柏木巻④三〇四頁）

朱雀院の子を思う「闇」は右のように繰り返し出現する。彼は出家し俗世を離れたにもかかわらず、女三の宮を思う闇に捕らわれ、波線部との対比から明らかな通り、結局現世を断ち切ることの出来ないまま懊悩する。要するに、子への愛ゆえに現世に引き戻される状態こそが、朱雀院にとって親としての「闇」に迷うことを意味するのだ。

その他にも、こうした親としての「闇」がキーワードともなる人物として明石の入道が挙げられよう。彼は、確かに子の幸福よりも自らの信念を優先した[16]わけであるが、やはり時として「心の闇」の揺らぎを見せる。中でも松風巻における、

その方につけてはよう思ひ放ちてけりと思ひはべるに、君のやうやうおとなびたまひもの思ほし知るべきにそへては、などかう口惜しき世界にて錦を隠しきこゆらんと、心の闇晴れ間なく嘆きわたりはべりしままに、仏神を頼みきこえて、
（松風巻②四〇五頁）

というくだりには、出家の意を指す「その方」と、「心の闇」との葛藤が見られる。自身の強固な決意によって俗世

を離れ出家を遂げたものの、明石の君の成長とともに「心の闇」に嘆いたという。「心の闇」は、このように自らの意志で世を離れたはずの親の心を揺さぶり、現世に留め続ける。その後彼は、明石の女御の若宮出産を知るにいたって、ようやく「今なむこの世の境を心やすく行き離るべき」（若菜上巻④一一二頁）として都に最後の消息をし、ついに入山を果たすのであった。

俗世を遁れたはずの親達の心を惑わせ、現世の「ほだし」に繋ぎ止めることによって、なお、現世をさ迷わせる子を思う「闇」。『源氏物語』中に「人のおやの」歌の引用表現は多く、かつ種々見られるため全てをこの意に還元することは出来ないが、しかし、朱雀院などによって繰り返される当該表現はこの兼輔歌引用の位相を深く印象づけずにはおくまい。

平安後期物語においても、子を思う「闇」によって現世への思念を断つことの出来ない親達が現れるが、『浜松中納言物語』の吉野の尼君もその一人であろう。

さすがにまたそむかれぬこの世の闇にはべれば、聖の伝へ申しはべりにしのちは、あはれにいぶせき心地しはべりつつ、かけてだに聞き通ひはべらざりし折よりも、なかなかもの思ひまさられはべるに、（巻三　二〇八頁）

波線部のごとく彼女は既に世を背いているにもかかわらず、子を思う「この世の闇」ゆえに現世への念を断ち切れない。ここでも仏道の妨げ、現世に乱れる心の表象としての「闇」が強調される。

さらに、『夜の寝覚』の父入道においては、こうした「闇」が彼のテーマの一つともなる。

かの御身より、いと恨めしきぞ、あはれなる御心の闇なるや。　（巻二　一八〇頁）
心の闇は堪へがたく、悲しと見たてまつりおぼしながら、今はこの世のほかにすみ果てにたる御心にて、「げに、のたまふさまことわりなり。　（巻五　四三七頁）

彼の「心の闇」は出家の後に登場する。それは、寝覚の上を溺愛する心情を浮き彫りにするのだが、それと同時に、遁世後にも現世に残した娘いとしさに揺れ、俗世に関わって心を乱す彼の姿をも描出するのである。

右のような兼輔歌引用の様相を踏まえつつ注目したいのが、『夜の寝覚』の寝覚の上なのだ。彼女と子を思う「闇」との関係は、『とりかへばや』の問題を考える上で非常に示唆的である。

（a）思ひ絶えたりつる年ごろよりも、いとゆかしくおぼえ、心苦しげなる御文の気色もいとのどめがたくおぼゆれど、心の闇にまどふといひながら、ゆくりなく、さは思ひ寄らぬことなれば、忍びやかに紛らはいて、「こち渡いたてまつらばや」と、　（巻四　三六〇頁）

（b）まして思へ五月の空の闇にさへかきくらされてまどふ心を　（巻四　四〇六〜四〇七頁）

（c）絵にかかまほしく、うつくしき御様どもにて並び居たまへるも、「ひとりひとりかたほに飽かぬことのおはせまし、いといかに口惜しくももの心憂くおぼえまし。心の闇にまどはるるにや、いかでかくしも」と、つくづくと、いとなやましきままに、うち見居て、よろづの憂さも嘆かしさもうち紛れ、慰む心地もし、また、「こは、いつのほどに、さまざまなるしるしは現はれしぞ」と、夢のやうに涙ぐまれたまひて、
なぐさみも乱れもまさるさまざまに契り知らるるこの世なりけり　（巻五　四八三頁）

これらが寝覚の上に使用される当該引歌の全用例であるが、他の物語作品に比してみても、その引用数は比較的多い。父入道と同じく彼女もまた親としての「闇」に迷う人物であった。そして、こうした引用回数の多さにも表れるごとく、寝覚の上の母としての立場は物語展開上においても重要な位置を占める。ここから横井孝氏は寝覚の上に、「子との「ほだし」を断ちえぬまま、此岸の生活を続けてゆかねばならぬ」母としての「宿縁」と、それゆえの彼岸と此岸の間における「〝身〟と〝心〟の乖離」を見るが[17]、子の誕生を経た彼女を待ち受けていたのは、まさに、子を思う「闇」に揺れる、母である女の葛藤と苦闘である。男君との仲を忌避する彼女は、子による繋がりを強調する男君の主張に、（a）のごとく揺らぎつつも抵抗を見せてはいたものの、後には、（b）（c）に見られる通り、絡め取られていく。寝覚の上は母であるために、結局俗世を思い切ることも、さらには男君との関係も切り捨てることもできない身であるのだ[18]。

このように寝覚の上は、母であることで現世に繋ぎ止められ、結果的に、その子供達の父、男君との仲からも逃れることができない。彼女において「心の闇」は、まさにそうした状況を象徴した語となっている。つまり、同表現には、子への愛情が込められていると同時に、自身が希求する遁世の道を妨げる母としての心の揺らぎが含意されているのだ。前引の波線部の歌に見られるのは、子の存在ゆえに断ち切れない「契り」深き男君との仲に対する感懐である。彼女にとっての「心の闇」とは、愛する子という「ほだし」の存在によって男と相対した現世に引き戻される、女の揺らぎの表象と理解できよう。

四、遁世の道と「心の闇」

　さて、以上のように先行物語には子を思う「闇」ゆえに現世を捨て切れない人物達が描かれた。彼らが望む遁世の道を曇らせ見失わせるもの、それが子を思う親の「闇」なのだ。そして、寝覚の上の場合は、この表現を鍵語として、子を思う「闇」との苦闘の末に結局は捕らわれ、男との関係を断ち切れない女の心が強調され、追求されたわけである。この事例を踏まえつつ、もう一度先の『とりかへばや』の女君における文脈を確認すると、女君が否定し、払拭したのは、まさに、寝覚の上の文脈における、母ゆえの葛藤および揺らぎの表象としての「闇」であることがわかろう。

　女君は宇治脱出にあたり、「ほだし」の宇治の若君への情愛ゆえに大いに揺らぐが、これは寝覚の上に通じる心境である。だが、彼女には寝覚の上にはない「男にて馴らひたまへりける」経験があった。ために、女君は、権中納言との関係に繋ぎ止められることもなく自らの道を進み、二度とその仲を復活させはしない。要するに、女君は寝覚の上に代表される母としての足かせを、男装経験によって克服するのである。一方、女君と対置された決意を揺るがす「人」とは、子ゆえに男との関係をも遮断できない寝覚の上のような女を示唆している。そうして『とりかへばや』は、兼輔「人のおやの」歌引用の表現を、限定された文脈にのみ据えることで、この「闇」を母の揺らぎの表象として位置づけ、女君のとった選択を効果的に表そうとする。

　そして、この位置づけには、唯一「心の闇」に迷うとされる女東宮の例が重要な役割を果たしている。女君と対照的に、彼女は、男との関係に苦悩し宮中を離れて、若宮立坊の後、女院となるが、結局は男君の庇護下に置かれ続ける。そもそも、「心の闇」の対象である若君を間近に見ることができるのも、「大将の御心もおろかならずこの御方ざまに親しくものせさせたまふにことづけて」という記述からわかる通り、男君の後見あればこそであった。女東宮は、憂き男との関わりを完全に断ち切ることはできていない。「一筋に後の世の勤めをせばや」（巻四　四四四頁）と願ってはいても、我が子への愛に揺らぐ心。まさに女東宮は、「世」を思い切れない母として、女君の反措定といえる形で対置されるのである。

さらにいえば、先の（C）において、権中納言に対して男君が提示した「心の闇」は、この意味でこそ生きてくる。つまり、男君は権中納言に「心の闇」の語を発することによって、男との関係を断つことの不可能な仮想の女を演出し、気を持たせつつ彼との縁を切るつもりがないことを表明しているのである。男君は、「心の闇」に迷わない、いわば普通の「人」から逸脱した、特異な女君に代わって「心の闇」を引き受け、女の葛藤を演じてみせる。そうして揺らぐ女を匂わせることで、権中納言を見事丸め込むことに成功するのだ。なお、このような「心の闇」の用法は、引歌利用のあり方を問う上でも注目される。ここにおける引歌表現は、典拠となった歌の世界を喚起させることで表現世界を深め、また人々の「共感」を呼び起こすような機能を持ち得ない。男君にとって「心の闇」は、あくまで演じるものとしてあり、引歌が切り結ぶはずの人々の「共感」は、相手を懐柔する手段として存するばかりである。すなわちこれは、従来の引歌の持つ機能を逆手に取った手法と考えられよう。(19)

ちなみに、吉野の宮にも、前述のように「人のおやの」歌利用が見られないことは、『とりかへばや』による右の意味における用法の傍証となろう。彼の親心自体は、「道のほだし」（巻一　二三八頁）との語からわかる通り、遁世願望とその妨げといった対立の中に、切なるものとして語られ、なおかつ先行研究の指摘のごとく、娘達の行く末を思案する彼は、『源氏物語』の宇治の八の宮および明石の入道の人物造型を引き継いだ人物と考えられる。(20)それにもかかわらず、この両者に用いられた子を思う「闇」は彼には現れない。[21]これは、あえて彼には同表現利用が回避されているると考えるべきである。このことはすべて、吉野の宮の定めた道が、迷う必要性の全くないものであることからきている。彼は、女君と初めて対座したとき姫君達の未来を予見した。「相人」としての予知能力がある宮には、自身の見定めた娘達の将来が実現するかどうかといった不安は存在しない。迷う必要などないわけだ。したがって、宮は、現世に繋ぎ止められて思い悩むこともなく本意を遂げる。彼には上述のような「闇」の入り込む余地など初めからなかったといえよう。

このように、吉野の宮における兼輔歌引用表現の不在に照らし合わせてみても、『とりかへばや』における同引歌表現の位置づけおよび機能は明らかである。ゆえに、これらの表現を「親心」にそのまま置換可能な語と見ることはできない。むしろ、進むべき道と子への思いとの葛藤という意味で、萩野氏が『源氏物語』正編に対して、

『源氏物語』における「親」の意思、信念が、兼輔歌の「子を思ふ道」を凌駕する〈道〉となっていることに、より注目したいのである。（中略）その〈道〉は「子を思ふ道」ではないが、「子を思ふ」心が優先せざるをえない局面（母君においては「娘の死」、明石の入道においては「別離」）に置かれたとき、〈道〉が見失われることもある——その揺らぎが『源氏物語』における「親」の〈心の闇〉なのである。

と指摘した用法[22]に通じている。『源氏物語』をはじめとした先行物語に見られる当該兼輔歌を典拠とした一連の表現が描出するのは、子ゆえに自らの進むべき道を見失い、現世に引き留められる心、つまりは「世」を断ち切れない思いである。そして、女にとっての「世」とは、そのまま男との仲に換言できる。母である女は、子への愛によって、

本意に違い男との「世」に縛られ続ける。女東宮が迷い、また男君が権中納言を前に演じた「心の闇」は、まさにこうした母である女の文脈における「心の闇」なのだ。これは、『夜の寝覚』における母としての寝覚の上の葛藤である。『とりかへばや』は、『源氏物語』に確認された用法を抽出し、そこから寝覚の上の苦悩の文脈に凝縮させて、母としての女の葛藤の表象として位置づけ、機能させている。

さらに、このような位置づけに置かれた親の「闇」、すなわち様々な女性達を悩ませてきた母としての「闇」を乗り越える人物、それが特異な存在としての女君なのである。彼女は、この女の「闇」を「男にて馴らひたまへりける」という特殊経験、いわば奥の手によって乗り越え、相対した男、権中納言との関係を完全に断つ。宇治の若君に対する痛切なる親心自体は、その後幾たびも語られることにはなるが、それは男との仲を復活させるものではない。彼女自身は男から遠く離れ、もはや彼との間は隔絶している。寝覚の上や女東宮といった女達が成し得なかった、男との「世」から脱する道を選び取ることに彼女は成功したのである。要するに、女君の文脈における「子の道の闇」は、彼女の選び取った道の女としての異質性を浮き彫りとし、彼女の成功の特異なあり様、いうなれば逸脱ぶりを物語史上に明確にする役割を担っているのだ。そして、その「心の闇」は、男君が彼女に代わり演じることで男を取り込み、回収していく。

加えて、「子の道の闇」を乗り越えた女君の道の先にあるものが、寝覚の上を初めとした先行物語の人物および物語内部の女東宮が志向した仏道すなわち出家などではなく、「国母」の位であるところに、彼女最大の特徴がある。(23) つまるところ、彼女は男との「世」を断ち切った結果として、遁世ならぬ、現世における最高の栄達を手に入れたわけだ。この辺りからは『とりかへばや』の現世志向が浮き彫りとなろう。

こうした女君の解決のあり方と先行物語が志向したものとの差を、兼輔「人のおやの」歌典拠の引歌表現達は鍵語の一つとなって明確化させる。いい換えれば、前掲（B）における引歌表現利用は、宇治脱出の女君の文脈に出現し、なおかつ彼女に否定されることで、彼女が選択した道を他の人物の希求してきたものに照らし合わせ、親ならば迷うはずの「闇」から脱し、しかも先行作品の親達が求めた遁世ではなく現世への回帰を果たすという、彼女の結末の異質性を前景化させ、そこから、女君という女の特殊性を物語史の中に位置づける手法となっているのだ。

ところで、『とりかへばや』の主要登場人物にはもう一人、母となる女が存在する。それは、男君と権中納言という二人の男の子を産む四の君である。けれども、彼女には、女君や女東宮とも異なり、「心の闇」の語が見られない。なぜなら、彼女は元より子が介在せずとも男に寄り添う女であるからだ。物語全編を通して彼女の母としての思いは語られず、出産時、男君の二条邸に移居するにあたっても、男君の目を気にしてあっさり権中納言との子供達を残してきてしまう。彼女は、子を思うゆえの揺らぎを待つまでもなく、あくまで男に相対する女として描かれている。四の君は女として[24]、また女東宮は母として女君に対置され、それぞれの角度から女君という人物を浮き彫りにする役割を担っているのである。

五、『有明の別』における「心の闇」

最後に参考として、『とりかへばや』同様に男装の姫君が登場する『有明の別』における「人のおやの」歌引用表現の用法を確認したい。この物語において同種の表現は四箇所出現するが、これらは三条の上、右大臣、内大臣という周縁人物三者に用いられ、主人公たる女院などには利用されない[25]。これは『有明の別』が、『とりかへばや』に見られた母の葛藤を主題化しないことを意味する。光り輝く女院に「闇」は無縁なのである[26]。反対に、子を思う「闇」

に捕らわれる人物は、皆亡き大将の遺児とされた左大臣と中宮の周囲に位置している。三条の上は、左大臣と関係した我が娘を案じ、右大臣は左大臣と結婚した大君の病に悲嘆し、内大臣は中宮を実子と知って懊悩する。こうした「闇」の偏在は、女院と東宮がまとう「光」と、対する女院の血を継承しない左大臣および中宮を取り巻きつつある「闇」との暗示的な対比という論理があるといえまいか。(27)

『源氏物語』を皮切りに頻出する親の「心の闇」は、院政期以降の物語作品においては、多くそのまま「親心」と同義の慣用表現のように登場する。だが、上記のごとくその用法は一様ではない。物語に現れたこれら表現の用法およびその文脈を分析すると、物語独自の論理がその背後から浮かび上がってこよう。兼輔歌は『源氏物語』以降の物語作品に広く用いられてはいても、いや広く用いられているからこそ、各物語はそれぞれの論理をその語の中に見出し、利用するのである。その中で『とりかへばや』の場合には、先行作品に見られた用法の中から、特定のイメージを抽出し、自らの作品内部に位置づけた上で、それを乗り越え、先行の世界を反転させた女君を描く。そうすることによって、彼女と先行物語の女達との差異を浮き彫りにし、男装の女君の特異性を、物語史の中において明らかにしている。つまり、一連の同引歌表現の位置づけは、先行物語の世界を利用しつつも、そこに流れる論理を覆していくといった、同物語における対先行物語意識を垣間見せるものとなっているのである。

注

（1）鈴木弘道『平安末期物語の研究』（初音書房　一九六〇年）

（2）本書Ⅰ第二章注（5）に同じ。

（3）伊達舞氏は、「『今とりかへばや』の〈家〉への志向―親子間の〈愛情〉描写から―」（『国文目白』五〇　二〇一一年二月）などの一連の論文で、個人の愛情や血脈などの問題よりも、〈家〉の意識が優先される『とりかへばや』の物語の特徴を指摘する。本章と視点は異なるものの、『とりかへばや』の親子の愛情描写を、先行物語のものと単純に結びつけることのできない点を明らかにした、極めて重要な論考と考える。

（4）『後撰和歌集』の詞書は「太政大臣の、左大将にてすまひのかへりあるじし侍りける日、中将にてまかりて、ことをはりてこれかれまかりあかれけるに、やむごとなき人二三人ばかりとどめて、まらうどあるじさけあまたたびののち、ゑひにのりてこどものうへなど申しけるついでに」であるが、『大和物語』では「堤の中納言の君、十三のみこの母御息所を、内に奉りたまひけるはじめに、帝はいかがおぼしめすらむなど、いとかしこく思ひなげきたまひけり。さて、帝によみて奉りたまひける」歌となっている（『大和物語』四十五段　二八三～二八四頁）。

（5）鈴木弘道『平安末期物語研究』（大学堂書店　一九七九年）

（6）ちなみに、『うつほ物語』には「玉すだれかかるあふひのかげ添へば心の闇もなかりける世を」、「雲居なる桂にかかるあふひにも向かはぬほどぞくれ惑ひける」（楼の上下巻③五四五～五四六頁）という仲忠と俊蔭娘による贈答歌が見られる。これに関しては、兼輔歌引用を認める指摘（『うつほ物語全改訂版』（室城秀之　おうふう　二〇〇一年（初版は一九九五年））・『新編日本古典文学全集』（中野幸一　小学館　一九九九―二〇〇二年））がある一方、妹尾好信氏は、俊陰娘の「心の闇」とは「生きていく上での悩みや苦しみ」を指し、仲忠もそれを受けたもの解して、引歌に及ばないとする（「人の親の心は闇か―『源氏物語』最多引歌考―」（『源氏物語の展望』第十輯　三弥井書店　二〇一一年））。

（7）末澤明子「引歌攷―物語のことばについての覚え書き」（『国文学研究資料館紀要』一一　一九八五年三月）

（8）（A）に関して『講談社学術文庫』（本書Ｉ第一章注（3））『新釈とりかへばや』（本書Ｉ第一章注（4））は引歌を指摘していない。

（9）女君以外の特異な例としては『源氏物語』の光源氏が挙げられるばかりである。彼は、「なかなかこの道のまどはれぬにやあらむ」（須磨巻②一九三頁）と表される人物であった。

（10）『校注とりかへばや物語』（本書Ｉ第一章注（2））、『新日本古典文学大系』（本書Ｉ第一章注（7））、『新編日本古典文学全集』（本書Ｉ第一章注（13））。なお、この箇所を『中世王朝物語全集』（本書Ｉ第一章注（10））は、「たったひとつ、母上が、誰にも負けないほどのご愛情を父大臣から受けていらしたわけではないのに」と訳出する。絶大な寵愛の意を避け、母君の微妙な立場を汲んだ解釈とも考えられるが、当該表現は、「人におされぬおぼえ」自体を打ち消したものではないと思われるので、右の訳は首肯できない。

(11) 星山健『今とりかへばや』冒頭部考―〈恋物語〉からの脱却―」(『宮城学院女子大学研究論文集』九六　二〇〇二年六月／『王朝物語史論　引用の『源氏物語』』笠間書院　二〇〇八年　所収)

(12) 女君には「光を放ち、はなばなとめでたく」(巻一　二三七頁)「御容貌の光るばかり見ゆる」(巻二　三〇二頁)など、繰り返し「光」の語が用いられる。これとの対応があるか。

(13) ただし、『新編全集』は両説可能として、「若君を思う親心を暗ににじませ」たことばであると指摘する。

(14) 『源氏物語』少女巻では、大宮が実子ではない夕霧および雲居雁に関連して「心の闇」の語を用いるが(③四三頁)、大宮は「親」ではなくとも「祖母」という血縁関係にある。

(15) 萩野敦子「『源氏物語』における親の〈心の闇〉と〈道〉」(『駒沢大学苫小牧短期大学紀要』三〇　一九九八年四月)

(16) 萩野氏注(15)に指摘。

(17) 横井孝『〈女の物語〉のながれ―古代後期小説史論―』(加藤中道館　一九八四年)

(18) なお、『夜の寝覚』巻五の末には以下のような寝覚の上の述懐が語られている。

え去らず憂き世を知りそめにしはじめなりしに、あはれに思ひ捨てがたき絆添へて、心に離れがたかりし方ざまにこそ、あながちにうち忍ぶ言の葉もかはしきこえしか。(略)幼き人々の数々見捨てがたく、これかれの御扱ひを、我さへ知らずなりなば、いかがはと思ふばかりに、長らふるにこそあれ。(巻五　五四五〜五四六頁)

ここに見られるのは、「憂き」ものであるはずの男君との関係性も、「ほだし」の見捨てがたさによって続けざるを得ない苦悩である。

(19) 本書I第一章、第五章を参照のこと。

(20) 宇治の八の宮に関しては、藤岡作太郎氏(本書I第二章注(5))以来指摘され、明石の入道の影響を論じたものとしては、西本寮子『今とりかへばや』吉野の宮にみる須磨・明石物語の摂取について」(『広島女子大学文学部紀要』二七一九九二年二月）などが挙げられる。

(21)　宇治の八の宮もまた、「子の道の闇を思ひやるにも」（椎本巻⑤一八〇頁）と、兼輔歌を引く。

(22)　萩野氏注（15）に同じ。

(23)　星山健氏はこの女君の結末を、「厳しい社会制度下において女はいかに生きるべきか、その救済は可能かというテーマを負った〈女の物語〉」に対して『とりかへばや』が導き出した「不実な男を捨て自らは后として栄華に輝くという、答えにならない答え」であると捉える（「王朝物語史上における『今とりかへばや』―「心強き」女君の系譜、そして〈女の物語〉の終焉―」『国語と国文学』八三―四　二〇〇六年四月／『王朝物語史論　引用の『源氏物語』』笠間書院　二〇〇八年　所収）。

(24)　男装の女君と四の君との対照的な在り方については、本書Ⅱ第一章を参照。

(25)　「ひさしくわすれたりつる心づくし、むかしにたちかへる心のやみそえて、思くだくるむねのみ（う）ちぞいとたえがたき」（巻二　三九七頁　三条上）、「いはけなくよりたぐひなく思ひそめ侍りにしやみを」（巻二　四一三頁　右大臣）、「かきくれし心のやみをそれながらくもゐの月のかげをみぬかな」（巻三　四二六頁　内大臣）、「てる月のくもゐのかげはわかねどもまがふやみぢをきくぞかなしき」（巻三　四二六頁　内大臣に関して）なお、巻二冒頭には「はかなくきえ給にしつゆのよは、あけぬよのやみながらはるけんかたなかりし給（御）なげきも」（三七一頁）との表現も見られるが、これは死に際しての「闇」の発想が強く、引歌の認定には及ばないと考えた。

(26)　先学に指摘されるが『有明の別』において「光」の語は、女院とその子東宮に関して頻出する。

(27)　『有明の別』に「血へのこだわり」を指摘する西本寮子氏は、女院の「光」すなわち「血」を継承した東宮に対し、左大臣と中宮は、物語後半部にあたる「血脈の確認作業」を通して、価値観の転換を余儀なくされると論じ（「『有明の別』再考―家の存続と血の継承―」『中古文学の形成と展開―中古から中世へ―』和泉書院　一九九五年）、また、松浦あゆみ氏は、中宮への出生告白のエピソードを転換点として、左大臣は次第に東宮に比較される存在となって「女右大将と血筋の繋がりもあるかのような連続性・親和性を発揮しての役割」を終えると述べる（「『有明の別れ』における出生の秘密―作品後半の構造と〝男主人公〟―」『論究日本文學』七七　二〇〇二年十二月）。

II

『とりかへばや』の世界

——変奏する物語世界——

第一章　男装の女君と四の君

——二人の女の接近と対比——

一、はじめに

現存『とりかへばや』を論じる上で〈女の物語〉という術語は、特に一九九〇年代以降の読みにおいては欠かすことの出来ないものとして、一時期盛んに取り上げられたものである。男装の女君、彼女を中心に捉えると、その波乱に満ちた女の人生を綴る物語として読むことができる。このような認識は、この時期に広く普及し、ある程度定着していったといえよう。男として世に交じらい、悩みつつも輝かしい日々を送る女君は、宰相中将[1]という男によって、女としての苦しみを味わう。彼女は、妊娠をきっかけに女姿となり、宰相中将の庇護のもと宇治で出産するも、やがて男と子供を捨て、宇治から脱出の上、異母きょうだいである女装の男君と入れ替わり今尚侍として参内し、そこで帝の寵愛を受けて、最終的には中宮にまで上り詰める。こうして見ていくと、彼女の人生は苦しみと栄達に彩られている。

男装の女君が歩むのは、苦しみ多き女の人生である。そして、この女君という女の身に降り掛かった困難と、その人生を考えるとき、見過ごすことの出来ないもう一人の女が浮上してこないだろうか。彼女の男装時代の妻、四の君である。早くから『源氏物語』の浮舟の影響を指摘されるこの人物は、男装の女君とはまるで対照的な人物であるにもかかわらず、同じ男、宰相中将に言い寄られ、関係し、そのため困難を極める、と非常に類似した状況に身を置く。これは一体何を意味するのか。さらにいえば、この類似の先には何があるというのか。この物語を〈女の物語〉の系譜に列ねさせるとき、対照的な女の間に起こるこの問題は看過できないものとなるはずである。

二、類似場面における女の差異

まず、二人の女君の間に見られる類似として、代表的ともいえる場面について扱う。

巻四、今尚侍のもとに帝が忍び込み入り臥す場面に関して、今井源衛氏は「この条は、実は、(略)宰相(現在、中納言)と四の君との密通との条に、正確に対応し、両者合わせて一対のような仕上げ」になっていると指摘する。(2)では、具体的にこの二つの場面は、どのような類似、相似関係にあるのだろうか。また、この異なった二人の女君の場面が似通い、この女性達が接近することは何を意味し、何を生み出すというのか。今これを改めて考えてみたい。

次の傍線部は類似箇所、また波線を施した部分は二つが対応しつつもそこに差異を孕むと考えられる箇所である。これらの展開を、垣間見→男が別人と発覚→「三瀬川」の歌→翌日、として捉え、まとまりごとに、その類似、差異を追って見ていく。なお、上段を四の君密通場面(巻一 二〇五〜二〇九頁)、下段を今尚侍の場面(巻四 四四七〜四五七頁)とする。

①うちに箏の琴の音ほのかに聞こえたるに、きと耳とまりて、さならんかしと思ふに、（略）とかくまぎれ寄りてかいばめば、端近く簾を巻き上げて弾き出でたる音を聞くよりも、月影に、いと身もなく衣がちにて、あえかにうつくしうなまめきたるさま、尚侍ときこゆとも限りあればこれにはいかがまさりたまはんとする、すぐれたる名は高けれどいとかくは思はざりしを、まことにいみじうもありけるかな、と思ふに、また魂ひとつはこの人の袖のうちに入りぬる心地して、見過ぎてたち帰るべき心地もせず、現し心もなくなりにければ、さば今宵入りなんと思ふに、夜更くれば、人々はとかく寄り臥し、あるは庭に下りて花の陰に遊びなどして、前には人もなきに、琴の上に傾きかかりて、つくづくと月をながめて、

　春の夜も見る我からの月なれば心尽くしの影となりけり

とひとりごちたる。

箏の琴ほのかに聞こゆ。うれしくてしばし立ち止まりて聞かせたまへば、鶯のさへづりといふ調べを二返りばかり弾きて、止みぬなり。（略）蔀などは下ろしてけるに妻戸のいまだかからざりける、風に吹き開けられたる、うれしくて、やはら入らせたまへど、知る人もなし。（略）督の君は、帳のうちに琴を枕にて寄り臥して、手まさぐりにそこはかとなく掻き鳴らして、灯をつくづくとうちながめてものをいとあはれと思ひたる、似るものなくめでたきを、同じ内裏ながら今までよそ人に思ひて過ぎにけるもありがたく思し知られて、人見とがむとも今宵過ぐべき心地もせねば、心もとなく、前なる人もはや寝なんと思しめさる。

　督の君は、さまざま過ぎにし方恋しく思し続けられ、若君の、今はとひき別れしほどの心のうち、何心なくうち笑みて見合はせたりしなど思し出でられて、いみじう恋しくかなしきままに、

　ものをのみ一方ならず思ふにも憂きはこの世の契

りなりけり

とて、ほろほろと涙のこぼるれば、はしたなくて引きかづきて臥したまひぬ。

まずは、見る男と見られる女のいわゆる垣間見場面である。両場面ともに、琴の音に誘われた男は女を垣間見、忍び込む。傍線部に見られるように、女の独詠歌に到るまでのこの二場面の流れは対応しており、類似関係にある。しかし、辿り着いた波線部の女の独詠歌には相違があるといえよう。すなわち、四の君の歌は、形だけの夫婦生活にどこか不満を抱く女を感じさせるものであるのに対し、今尚侍となった女君の歌の根底にあるのは、過去への思いであって、主となるのは男と女ではなく、宇治の我が子なのである。

②けはひのあらぬに、あさましとあきれて顔を引き入れたまふを、かき抱きて、帳のうちに率て入りぬ。「やや」とおぼほるやうにしたまふを、前近き御乳母子の左衛門といふ、聞きつけて、（略）忍びやかに泣きたまふけはひなるを、「あな心憂や。いとつらく思し捨てしかど、執ねき心に逃れぬ御契りは、かかる世もありけるぞかし。いかに思すとも今はかひあるべきことかは。たださりげなくてを」とこしらへたまふに、そあさましうなりて、あらぬ人なりけり、中納言と思ひしは一筋に心憂くねたかりしを、これは、わが身の憂さも御覧じあらはされなば、いかなることぞと思しとがめられたてまつり、あはあはしかりける身の有様を御覧じあらはしては、あなづらはしき方さへ添へて、行く手に思しめし捨てられなむことも、心憂く恥づかしうて、（略）うち思ひける心もあさましう思ひ続けられて、とりもあへず涙のこぼれぬるを、「あが君、

の人なりけりと聞くもあさましういみじけれど、げに言ふかひなければ、人にだに知らせじと思ひて、「御前には入らせたまひぬなり。まろは御前にさぶらはん。月をも花をもよく見明かしたまへ」と言へば、（略）女君は、中納言にならひて、人はただのどやかに恥づかしううち語らふことよりほかにはなきものとのみ思すに、いと押したち情なきもてなしなるに、絶え入りぬばかり泣き沈むけはひ有様の、限りなくあはれにらうたげなるに、

かくな思しそ。さるべきにこそあらめ。ただ同じ心にだにあひ思さば、よも御ためかたはなることあらじ」と泣く泣く聞こえさせたまふさま、まねびやる方なし。男の御様にてびびしくもてすくよけたりしだに、中納言に取り籠められてはえ逃れやりたまはざりしを、まして世の常の女び、情なくは見えたてまつらじと思すには、いかでかは負けじの御心さへ添ひていとど逃るべうもあらず乱れさせたまふに、

ここにおいても、男の行動、また女の外面上の行動、つまり男の目に映る女の様子は類似する。しかし、実際には女には、波線部のような大きな差が生じているのであって、そしてそれは第三者の有無に由来すると考えられよう。四の君の「御乳母子」である左衛門は、姫君の危機を察知し、当事者に代わって秘密保持に尽力する。たとえ四の君自身がただ泣き惑うばかりであっても、第三者の働きにより、最悪の事態は回避される。

だが、対する今尚侍の女君の場合、第三者は不在であった。よって彼女の運命は彼女自身の手に握られることになる。その彼女がとった秘密保持のための手段、それが「演技」(3)なのである。この保身目的の「演技」の結果、女君は四の君に外面的に重なっていく。換言すれば、類似した表現の積み重ねによって構築された場面の中には、歴然とした差異があるということである。

③かくて後も心やすくあひ見ざらんことのわりなきに、なほ中納言はあやしかりける人かな、いみじうまめなるはこの人に心ざしの類なきとのみ思ひしを、さま異なりける聖心にこそありけれと、めづらかにもさまざまおぼゆ。

逢ふ人にしも飽かぬ夜を、まいてはかなう明けぬなり。左衛門焦られわぶれば、出でぬべき心地もせねど、さりとてあるべきならねば泣く泣く心の限りたのめ契りて出でたまふ心地、夢のやうなり。

「わがためにえに深ければ三瀬川後の逢瀬も誰かたづねん

なほ思し知らぬこそかひなけれ」と言へど、答へもせず。

片時たち離れさせたまふべくもおぼえたまはぬに、いなや、いかなりけることぞと、なま心劣りもしぬべきことぞ交じりたるや。（略）口惜しけれど、いみじからん咎も何とおぼゆべくもあらず、見る目有様の類なきに何の罪も消え失せぬる心地して、泣く泣く後の世まで契り頼めさせたまふに、（略）出でたまはんとても、あさからず契り語らはせたまふさま、まねびやらん方なし。

「三瀬川後の逢瀬は知らねども来ん世をかねて契りつるかな

この世ひとつの契りはなほあさき心地するを、いかがあらんと思ふなん口惜しき」とのたまはするままに、

（略）いとわりなければ、

行末の逢瀬も知らずこの世にて憂かりける身の契りと思へば

朝夕聞き馴れさせたまへりし声けはひは、思しめしあやめらるることやとつつましうて、いたく絶え絶えま

一　ぎらはしたまへるけはひの、

女と契った男はここにきて、まさに対照的な反応を示すこととなる。今井源衛氏は、この違いに「同じく情交、あるいは手籠めの場を描いて、男の意外感を対照的に設定する面白さ」を見る。[4] 確かに、この場面、ひいてはこの物語自体に軽快な面白さを見ることは首肯されるべきである。だが筆者は同時に、この場面においては、その後に続く女側の対応との関連をも念頭において見ていく必要があると考える。そもそも「三瀬川」の歌は、「女が死んで三途の川を渡るとき、最初に契った男に背負われて渡るとの俗信」[5] に基づくものであり、したがってそれは男女の縁の深さを表す。つまり、二人の間がこの縁のもとにあるものならば、投げかけられた歌は「契り」の確認として機能する。が、反対に、それが頼めない仲だとすれば、「契り」の確認は成立せず、不安定な二人の関係の対する嘆きへと変化するのである。

この度の、二人の縁への驚きと喜びに満ちた宰相中将の歌は、「契り」の確認を成立させている。それを受ける四の君は「答へもせず」であるが、けれどもそれは、その「契り」を否定していることにはならない。打ち消されない「契り」の確認は、後に宰相中将に魅かれる四の君像への伏線となっていよう。

一方、女君と帝の場合はどうだろうか。この帝の歌には不安が漲っている。根底にあるのは、「三瀬川」の縁が頼めないという二人の関係の不安定さである。帝はあてこすりつつ、それを口にした。そして、下句の「来ん世をかねて契りつるかな」、および「この世ひとつの契りはなほあさき心地するを、いかがあらんと思ふなん口惜しき」というとばは、その不安定さを基にした帝の働きかけと解せる。そうして女から「契り」の確認へとつながる返答を期待するのである。しかし、対する女君からの返歌は「行末の逢ふ瀬も知らず」、すなわち、約束できないというものであった。ここに「契り」の確認は成立せず終わる。一見、男女間の歌の贈答が成り立った同場面ではあるが、女君の返答が、やはり保身目的の「演技」の中で行なわれることには留意せねばなるまい。女君の返歌は、秘密の露見という最も恐れる事態を回避するための手段としてある。あくまでも保身に努め、外面を取り繕う女君には、四の君が見せる通い合いへの兆しはむしろない。ここには、今井源衛氏がいう「レイプというモチーフ」を用いての「被害者としての女の心」の訴え(6)という意味以上に、精神面での積極的な、男女の「相互の愛」・「性愛」の拒否が見られるのではないか。

④ 女君は、まして、あさましう現ともおぼえぬ心惑ひに消え入る心地して起きも上がりたまはねば、「御心地のわびしきにや」など人々見たてまつり扱ふに、中納言内裏よりまかでたまひて、入りたまへるに、いとどいかで見えたてまつらんとわびしきままに、引きかづきたまへるを、「など、かくは」と問ひたまへば、御前なる人、「夜より例ならずおはしまして」となん聞こゆれば、いとほしく心苦しう思して、添ひ臥したまひて、「いかに思さるるぞ。今まで御消息のなかりけるよ」など、いとなごやかにあてはかに見扱ひたまふにつけても、いとどめづらかなりつる気色はふと思

宣耀殿に参りたまへれば、「夜より御心地悩ましとて、まだ御殿籠りて」と、大納言の君といふ人聞こゆれば、驚きて、「など告げたまはざりける。いかやうに思さるるぞ。御風邪にや」など聞こえたまふも、いとかたはらいたければ、起き上がりて、「胸の痛くはべれば、おさへて」とのたまふ御顔も、いたく赤みて、泣きたまひけりと見ゆ。(略)若びかかやかんもわが身の有様には違ひたるべければ、ただ御顔うち赤めて、御文は取りたまへれど、広げたまはぬを、(略)しひてそのかしたまへば、うち笑ひて、(略)とのたまふも、げにさることとなれば、

ひ出でられて胸ふたがりぬ。

最後に、翌日の女の様子を描いた場面を見る。二人の行動は、始まりにおいては気分が悪いと臥せっており、同様に見えるが、その後は対照的である。四の君の場合、自身は無言で臥すばかりで、心配する夫に応対するのは第三者であるが、一方の女君は心強くも起き上がり、訪ねて来た男君に自ら応じるのである。ここにおいても、女君は第三者に頼ることはない。自らの身の処し方を冷静に判断しているといえよう。また、そうした行動は彼女から感傷に浸る時間を奪い取る。相対する四の君は、無言の中で「有無を言わさず自分を領略した男への不条理な思慕」を「芽生え」させ、(7)臥し続けることによって、さらに感傷に溺れていく。この流れが女君にはないのである。

以上見てくると、この二つの類似場面の中に生まれる差異が、ある一方向に向かって動き出していくことが分かる。すなわち、差異は女の側に築き上げられているのである。そうして構築された差異の積み重ねは、二人の女、四の君と女君とを対比させ、その相違を浮き彫りにする。これは、この物語の展開上、四の君の文脈からの女君の離脱、分化といえよう。四の君密通場面の変奏は、相似を見せつつも、それから逸脱した女君像をかえって強く印象づける。相似の関係は差異の強調なのである。こうして、浮かび上がってきた女君像は、動揺しつつも我が身の危機に対処する冷静さと、「契り」に対するどこか冷めた心理を持つ人物として形作られてこよう。(8)

三、女君の接近

前節では、今尚侍となった女君と四の君との類似場面に生じる差異を見てきた。だが、そもそも女君は、なぜ四の君に接近、密着したのだろうか。また、このような類似はこの場面に限られたことであるのか。今度は、こうした疑問の数々が目の前に噴出してくる。

現存『とりかへばや』内における人物描写等による人物の接近や対比は、めずらしいことではない。例えば、男装の女君とその瓜二つの女装の男君、および吉野の中の君との間には、美質と言う点で接近が見られ、またそれが、「交換」「形代」といった展開上重要な要素として物語に機能していることは、これまで数々指摘されてきた。(9) では、四の君との間ではどうか。今井源衛氏、辛島正雄氏、西本寮子氏は、物語を概観し、同じ男と契りを交わしたこの二人の女君の対照性を指摘する。(10) 男装の女君と四の君の間の、この類同性と対照性は、物語の大略において顕著であるが、その上で筆者は、結論から先にいえば、一つ一つの表現というミクロなレベルにおいても同様の関係が築かれ、さらに、それが男装の女君、ひいては現存『とりかへばや』において重要な機能を果たしていると考えるのである。

そこで、本節では、男装の女君と四の君、この二人の女の間の接近と対比に関して、具体的に例を挙げ、検証し、なおかつ、そこにある差異についても見極め、そこから何が生じているのか見ていく。

1、「なよなよと」の意味するもの

まず、二人の美質の描写に関してはどうだろうか。男装の女君には、「はなばな」「愛敬づき」といった表現が一貫して用いられるのに対し、四の君は、「子めきらうたげ」「あて」「あえか」といった表現が頻出する。これらは逆転して使用されることはなく、終始固定している。つまり二人の女は、本質的には交差することのない人物として描かれているのである。しかし、二次的な面ではどうだろうか。前節で述べた通り、二人は外形的な面において対比の関係を成すのである。ここに注目して見ていきたい。まず、四の君である。

藤襲の御衣に青朽葉の織物の小袿着たまへる、身もなく御衣がちに、なよなよとあてになまめかしく、かをりうつくしげなり。（巻三　三一七〜三一八頁）

現ともおぼえずうち泣きぬるけはひ手あたり、ほのかなる火影など、あてにあえかになよなよとあはれげなるほど、まことにいみじき人なりけりと、（巻三　四〇九頁）

この二例は、「夫」の目に映る四の君の描写であるが、点線部の「あてにあえかに」は、四の君に特徴的な美質を形容する語であり、「身もなく御衣がちに」というのは、四の君の描写として繰り返し登場するものである。傍線部「なよなよと」という表現は、これらと並列して使用されていることから、これもまた四の君の特徴を表すものといえよう。まさに彼女の「あえか」に通じる頼りなさ、弱々しさを描出するのである。

一方、男装の女君はどうか。

顔いたく思ひ乱れ屈じしめりて、ひとへにうち頼みて身に添ひたるほどの、今はわが身かくてあるべきぞかしと思ひ知りなよなよともてなしたるは、ありし人ともおぼえずらうたげにたをやかなるを、すべて限りなく思ふさまなるを、（巻三　三三三頁）

もてなし有様はればれしく馴らひたまひにしかば、いとあへかに埋もれいぶせくはなく、わららかにをかしく、いと馴れたる心つきて、ものを思ひ嘆きてもひとへに思ひ沈みてはあらず、泣くべき折はうち泣き、をかしく言ひたはぶるる折はうち笑ひ、言はん方なくにくからず愛敬づきたまへる人の、まことにもの心細く苦しきままに、

いとたゆげになよなよと心苦しげなるを見たまふ中納言の御心地、（巻三　三六〇頁）

注目すべきはこの二例である。両例とも、権中納言となった宰相中将の目に映った、宇治における女装姿の女君の様子であって、前の例において彼女は、一途に男を頼って心を寄せる女性として映り、後の例では、いよいよ臨月となり苦しみ弱々しくなった様が認識されている。宇治での女君は、波線部にあるような凛々しくさっぱりとした、男装時に培われた様とはまるで別人であり、「なよなよと」という語で表現されるか弱い女性として登場するのである。さらにいえば、この「なよなよと」した頼りなさ、弱々しさは、まさに四の君を彷彿とさせるものではなかろうか。この表現には女君と四の君とを接近させる働きがあると考えられるのである。

ここで注意したいのは、「なよなよと」という表現が使用される現存『とりかへばや』内の女性は、この二人以外には存在しないということである。同じく妊娠により衰弱する女東宮にも、この語は使用されない。その他、人物に対して「なよなよと」が使用されるのは、男性である今大将（男君）が、女性である男装の女君に成りすまし、四の君を訪れる箇所、ただ一例ばかりであるが、これは、男君の、男装の女君を意識した「演技」であり、人々は男君の先に女君を透かし見ている。それゆえ、男君自身を表すための用法とはいい難い。

したがって、「なよなよと」とは、意図的に女君と四の君の二人に限定的に使用される表現といえるのであって、同時にまた、四の君と女君の外見上の弱々しさは同質のものと見做すことができよう。その意味で、女君は四の君に密着する。つまり、女装姿の女君の弱々しい様は、四の君のそれに類似して映るのである。極言すれば、宰相中将（権中納言）にとって、宇治での女君は、自分と「同じ心」に靡く四の君と同化する。それは、宇治と京を行き来する宰相中将の視点からの、女君を「これ」、四の君を「かれ」とする人称代名詞の対比的使用に通じよう。(11)

同じ男に言い寄られ、同時期に妊娠し、困難を極める二人の女は、その描写においても接近、同化していく。女君が、四の君に近づくのである。そして、それは宰相中将に満足感と安心感をもたらす。しかし実際は、四の君に接近した女君には続きがある。彼女は、自分と四の君とに心を分ける宰相中将に我が身を委ねなければならないという、男装時代とは打って変わった宇治での境遇に、終始一貫して不満を抱き、彼への不信感を増大させつつ、また、そうした上で、出産を控えた自分の立場を弁え、我が身のために最善策を講じようとする。四の君のごとき弱々しさの底に、か弱い彼女との大きな差異があるわけである。外面における四の君との接近の裏には、歴然とした差が生まれているのだ。つまり、「なよなよと」という表現は、本質の違う女君と四の君とを接近させ、同化まで引き起こした上で、結果として両者の差異を浮き彫りにするのではなかろうか。

2、宇治川に映る月影

続いて、宇治における女君の、

暮れて月いと明かく水の面も澄みわたるに、いと思ひ出づること尽きせず胸よりあまる心地ぞする。
思ひきや身を宇治川にすむ月のあるかなきかのかげを見んとは
（巻三　三三五頁）

という独詠歌に注目したい。この歌は、宇治での女君が、四の君のもとに発つ権中納言を見送った後、ただ独り物思いにふけりつつ詠んだものである。宇治川に映る月のはかなさに我が身を重ね合わせて彼女は嘆く。女君が我が身を月に重ね合わせる、または月を見ての感慨を詠み込む歌には、他に、

月ならばかくてすままし雲の上をあはれいかなる契りなるらん （巻一 一八八頁）
そのことと思ふならねど月見ればいつまでとのみものぞ悲しき （巻一 一九一頁）

の二首が既にあった。両例とも、自身の「世づかぬ」有様に悩みを深めていた男装時代のものである。男姿であった時から、彼女の月を見ての物思いは尽きない。しかし、宇治において「あるかなきか」の月影を見ようとは、思いも寄らなかったというわけである。

この「あるかなきか」は言葉通り、あるともいえないほどにはかない様を表現するが、ここでは現存『とりかへばや』内における用法に注目したい。

（a） えも言はぬ紫の紙に、墨薄くあるかなきかの書きざま、違ふべくもあらず。 （巻二 三〇七頁）
（b） 「ただあるかなきかに今は限りのさまと消え入りたまふやうなる心細さかなしさは、誰にかはと思ひたまふべくなん」 （巻三 三三五頁）
（c） 殿はあるかなきかの御気色にて、渡り御覧ずるやうもあらじ。 （巻三 三四四頁）
（d） 消え入りつつ、さすがにあるかなきかにて、「殿をいま一度見たてまつらず、思し直されでやみなんとするよ」とて泣き入りたまふ。 （巻三 三九五頁）
（e） いみじくをかしげなる人の、あるかなきかなる様にて、いとこちたく長き髪をうち添へて臥したまへるは、 （巻三 三九六頁）

（f）　あるかなきかの御心地にも殿の御声と聞きて、目をせめて見開けて御顔うちまもりて涙の流るるさまを、いみじくかなしく心苦しきに、御祈りどもを尽くして、つと抱へて惑ひたまふに、やうやうものおぼゆる気色になりゆきて、
（巻三　三九六頁）

以上が、現存『とりかへばや』内の「あるかなきか」の全用例である。（a）は、四の君の筆跡、（c）は、女君失踪後嘆きのあまりふさぎ込んだ父左大臣の有様を男君が語ったものであるが、残る（b）（d）（e）（f）は、いずれも四の君自身を形容する。このように、「あるかなきか」の出現箇所に関して注意してみると、（c）と当該歌以外は全て四の君にまつわるものである事に気づくだろう。また、その多くは出産後の四の君を描く場面に集中し、畳み掛けるように繰り返されている。この「あるかなきか」の偏在は、四の君と「あるかなきか」とを強固な結び付きを示すといえよう。（d）（e）（f）の描写は、

春宮は、なかなかその後は消え入りつつ、生きとまらせたまふべくもおはしまさで、「院の上をいま一度見たてまつらばや。尼になりなん」といふことをまれまれのたまはせつつ、頼み少なげに見えたまへば、
（巻四　四四〇頁）

とあるような、同じく出産後の女東宮を彷彿させるが、しかし女東宮の場合、ただ傍線部のごとく表現されるばかりであって、「あるかなきか」は利用されない。この表現において、四の君・女東宮二人の間には一線が引かれているのである。

これは、前述の「なよなよと」という語と四の君との間の結び付きと同質の関係が、「あるかなきか」と四の君との間にも築かれていることを示唆しているのではあるまいか。宇治の女君が、「あるかなきか」の月影を詠んだとき、「あるかなきか」の月影に頼りない我が身を投影したとき、それは女君の四の君との接近を意味する。この「あるかなきか」の我が身は、華やかであった以前とは比較にならないほど頼りなく、存在感のないものであった。それはまた、四の君その人を連想させるものなのである。

3、「死ぬるばかり」の恋の行方

次に、宇治の場面から離れ、話を遡って巻二の宰相中将と男装の女君との贈答歌に注目したい。

(A)　「いかにせんただ今の間の恋しさに死ぬばかりにも惑はるるかな

暮れざらんに、あが君、あが君」とぞある。退けひき返事せざらんも、わが身いとあやしかるべければ、例のすくすくしううち書きて、

人ごとに死ぬる死ぬると聞きつつも長きは君が命とぞ見る　（巻二　二七七〜二七八頁）

これは、女君男装時代のもので、宰相中将による陵辱事件を受けての後朝の贈答である。恋しさで死ぬほどに苦しいとの宰相中将の訴えに、女君は、死ぬ死ぬと出会う女性はみな聞かされるようだがそんなあなたの命は長いですよと切り返す。ずいぶんと皮肉の籠もった返歌である。これに対し、宰相中将はまた、

死ぬと言ひいくら言ひてもいまさらにまだかばかりのものは思はず
（巻二　二七八頁）

と負けずになおも「死ぬ」という語を繰り返す。この「死ぬ」という表現は、

（B）　かうい といみじく死ぬばかり思ひ焦らるる人を心ざしあるにこそと思ひながら、気色にても人の漏り聞きたらん時と、恐ろしうそら恥づかしきに、人知れぬあはれの見知られずしもあらずなりにけるも、我ながらいと心憂と思ひ知らる。
（巻一　二一六頁）

にも登場する。四の君が次第に宰相中将に心を移していく模様を描いた場面である。ここにおける「死ぬばかり思ひ焦らるる人」とは、もちろん宰相中将のことを指す。こうして見ると、「死ぬ」という語を巡るこの二つの場面は、対応関係にあることに気づくだろう。恋しさに死にそうなほどに苦しむというのは、宰相中将の恋に対する常の状況、常套的文句といえるものであり、他の場面にも登場する。けれどもそれは、「わが身の跡なくなりぬべきよし」（巻二　二七三頁）のように、あくまで死に繫がる表現が用いられるだけであって、直接「死ぬ」という語は利用されない。つまり、「死ぬ」は（A）（B）に限定されたものなのである。

さて、この二場面を対照すると、「死ぬ」という語の後の女の反応、つまり波線部は正反対であることが分る。とすれば、先行する（B）の場面において利用される「死ぬ」という語をあえて用い、逆転させたのが（A）の贈答歌と考えられはしまいか。（B）、すなわち四の君が宰相中将に惹かれていく過程において重要な、宰相中将の「死ぬ」ばかりに恋焦がれる様を、（A）において利用し、女君の返歌によって（B）の世界を逆転させる。これを内部引用

による内部世界の〈パロディ〉化だとしては、少々言葉が過ぎるかもしれない。しかし、内部同士の対応関係によって、二人の女君の差が強く押し出されることは認められるべきかと思われる。

「死ぬばかり」に恋しく苦しいという宰相中将のアピールを、二人の女君に対して同じく用い、類似化させた上で、女君の反応を対極化し、その差異を明確にする。ここに、男に惹かれ、その心を真と思い、靡いていく四の君という女と、男の訴えを逆手に取り皮肉る歌を返し、男の心に強い不信感を持ち続ける男装の女君という女とが対照的に描出されるである。四の君と男装の女君とは、同じ土壌に立った上で、それぞれ独自の像を築き上げている。ここにおいても、四の君と男装の女君との接近と対比、そして差異の強調が働くのである。

4、「衣」の贈答 ―― 恋への積極性 ――

かかる身をもて埋もらさんことも、我になりて思ふに、難しかしと、夜もすがら思ひ明かして、御喜びのことなど書きて、

（C）　紫の雲の衣のうれしさにありし契りや思ひかへつる

内外御喜びや何やと騒がしけれど、わが心ひとつにはなかなか心尽くしに思ひ乱るる折なれば、心置くめるもをかしうあはれにて、「御喜びをこそ、これよりまづと思ひたまへつれ」とて、

（D）　ものをこそ思ひかさぬれ脱ぎかへていかなる身にかならんと思へば

とあるを、思しけるままと、ことはりにあはれなるに、色めかしさは、喜びもおぼえずぞうち泣かるるや。

（略）

目の前のうれしさをぞ思ふらんなど言ひやりたりける返事なるべし、

（E）　上に着る小夜の衣の袖よりも人知れぬをばただにやは聞く

とぞ書きたる。　　　　　　　　　　　　　　　　（巻二　三〇五〜三〇八頁）

以上は、男装の女君が、妊娠発覚を受け、宰相中将のもとに身を寄せる決心を固めた後の正月の場面である。男姿の女君の素晴しさに帝を始め、人々は感嘆し、彼女は右大将に昇進、宰相中将も権中納言となる。そのため、心変りを案じた宰相中将（権中納言）は、彼女のもとへ皮肉めいた歌（C）を贈る。一方、歌を受け取った女君は遁世を願う身であって、我が身の栄達も今や物思いの種でしかない。そこで、彼女は自分自身の今後を思う歌（D）を返すのである。そして場面は変わり、舞台は宮中に移る。男装の女君と密会中にもかかわらず、宰相中将が密かに他の女への返事を使者に渡している。相手は四の君と察知した女君は、贈られて来た女からの手紙を奪い取り、見る。そこには、間違いなく四の君の筆跡によって、夫のよりも宰相中将の昇進の方が嬉しい、という歌（E）が記されていた。（C）（D）は贈答歌であり、その二首とは時間、場所ともに隔たった別個の歌として、（E）は独立して存在する。だが、こうしてこの三つの歌を並べてみると、その表現の類似性に気づかされるはずである。（C）に「紫の雲の衣」という表現があった上で、（D）のみならず（E）にも「衣」の縁語表現が見られることは注目すべきであろう。

上、召し寄せて、御盃賜はするに

みのしろも我脱ぎ着せん返しつと思ひなわびそ天の羽衣

心ときめきしておぼゆることなれど、いでや武蔵野のわたりの夜の衣ならば、替へまさりしてもやおぼえまし、

と思ひぐまなき心地すれど、いたう畏まりて、

紫のみのしろ衣それならば少女の袖にまさりこそせめ

と申されぬるも、何とかは聞き分かせたまはん。

（略）

内の上の、いみじき御心ざしと思しめして賜はせつる御身の衣、いと面だたしけれども、かひがひしくも思されで、紫ならましかば、とのみおぼえたまふ。

いろいろに重ねては着じ人知れず思ひそめてし夜の狭衣

と、返す返す言はれたまふ。

（『狭衣物語』巻一①五一頁・五三～五四頁）

右の三首は、『狭衣物語』のものであるが、その表現は当該箇所に非常に類似している。これらは一連の流れの中にあって、時を隔ててはいるものの、後の二首である狭衣の歌の契機は一首目の帝の歌にあり、三首間の表現上の結び付きも、その関係があってこそといえる。とするならば、同様の関係が、現存『とりかへばや』の当該箇所にも築かれているのではなかろうか。つまり、宰相中将の歌（C）を契機として、男装の女君の（D）の歌と四の君の（E）の歌とが、同等に存在し、なおかつ、これら二首は、対比関係を築き上げるのである。

その上で確認すれば、（D）は、将来に対する女君の不安が表明された歌であり、そこには宰相中将への愛の告白といえるような言葉はない。その視線は自らに向けられている。一方、四の君の（E）の歌はどうか。これはまた、女君の歌とは対極的であって、明け透けな愛の告白がなされている。なおその上に、この情熱的な四の君の歌は、男装の女君に衝撃を与え、あんなに「子めかしうあてやか」（巻二 三〇八頁）な四の君も、裏ではこのように夫を裏切っ

た大胆な歌を贈るのであるから、男も女も心はあてにはなるまいという心境に追い込み、不信感が男女の仲にまで及ぶよう機能するのである。

二人の女の反応は、ここでも大いに二極化する。この二人の相違した人物像は、（C）（D）（E）という三首を並列させた上で、（C）に対する（D）（E）という形を見出し、（D）（E）を対照することによって、よりいっそう光彩を放つ。ここにおいても、やはり男装の女君と四の君との接近、対比による差異の強調の形が見出せるのではなかろうか。

5、同一発想からの変奏

男装の女君との交換成立後、今大将となった男君は、四の君のもとを訪れる。その姿は失踪以前と変わらず、人々は同一人物と認識して涙を流すが、彼は四の君に対して唯一以前と違う顔を覗かせるのである。それが男の行動を起こすことであった。

さすがにまことの男はまた様ことなることにや、あやしとのみ思すに、あやしく心得がたしとかへすがへす思さるるに忍びかね、

（F）　見しままのありしそれともおぼえぬはわが身やあらぬ人や変はれる

とうち嘆きたまへるに、思ひあやめらるるふしあるべしと、をかしくもことわりにもおぼえて、

ひとつにもあらぬ心の乱れてやありしそれにもあらずとは思ふ

と、いとどまねび似せたまへば、分くべくぞあらぬや。

（巻三　四一一〜四一二頁）

（F）は、四の君の違和感を表した歌である。しかし、その疑いは、男君からの四の君自身を揶揄した返歌によってかき消されてしまう。そして、この後四の君は、次第に男君に心を寄せ、宰相中将を忘れていく。こうして四の君の物語は終結を見せるのである。（F）の歌は、ちょうど終息へと向かう展開の始まりに位置しよう。

督の君は、明け暮れさし向かひ、隔てなく御物語を聞こえさせ、琴笛の音も同じ心にうち遊びつつ過ぎにし昔思ひ出でられて、帳のうちに埋もれ入りてはつかなる物越しに御声を聞きつるも、夢の心地して、ものあはれなり。

（G） 雲の上の月の光も変はらぬにわが身ひとつぞありしにもあらぬ

とぞ思さるる。

（巻四　四三五～四三六頁）

この場面は、宮中に今尚侍として参内した女君が女東宮に仕えているときのものである。ある日帝が女東宮を見舞い、女君は帝と対座する。以前の右大将と同一人物であることが悟られないよう、彼女は必死に「演技」を繰り広げる。（G）の独詠歌は、帝が去った後、自身の一変した境遇を再認識し、感慨にふけってのものである。この場面後、前述の帝との契りの場面、今尚侍の帝寵独占、男皇子出産、若宮立坊、宇治の若君との対面と話は続いていく。すなわち、（G）の歌は、女君の物語が終結に向かう大団円の直前、またはその始まりに位置しているといえよう。

ここで注意したいのは、（F）（G）両歌の類似性である。といっても、この二首において、表現上の直接的な類似は認められない。注目したいのは、むしろその基となった歌である。

月やあらぬ春や昔の春ならぬわが身ひとつはもとの身にして
（『古今和歌集』巻十五・恋五・七四七・業平）

当該の二首は、どちらもこの在原業平の歌によると考えられる。(12) 女君と四の君は、この同じ歌により、それぞれ境涯の変化に対する思いを口にするのである。

ところが、ここにも二人の違いは出現する。四の君の違和感は確と認識されているとはいい難く、男君によっていとも簡単に封じ込まれてしまうほど、漠然としたものである。一方、女君の歌の根底にあるのは、自分自身が変化したという主体的な意識なのである。もちろん、男装の女君と四の君とは、元々その辿って来た道程自体に大きな違いがあり、変化に対する立場も異にする。そのため、女君と四の君との間に変化に対する認識の相違が生じるのは当然であり、また、（F）（G）二首間の違いもあってしかるべきであろう。注意すべきは、この（F）（G）という差が生まれて当然の二首の発想が、同一の歌にあるということなのであって、この意味で、二首は対応することとなる。

これは、同一発想からの変奏の形ではなかろうか。そしてその変奏が、対極的な二人の女君像を結ぶのである。これもまた、女君と四の君との接近、対比が働き、それぞれの女君像が打ち立てられる構造といえよう。なお、（F）（G）の二首間に生じる相違は、男装の女君・四の君という二人の女君の差自身をも象徴するかのごとくである。四の君は「男」に添い、一方、女君は宿縁に動揺しつつも、受身ではない意識を根底に持っている。

四、「性愛」への違和感

以上、男装の女君と四の君との間に起こる様々な形の接近と対比の有様を見てきた。本来、本質的な美質も境遇も異なる二人が接近することによって、対比的関係を築き上げる。なおかつその対比は、そこから必ず生じてくる二人の差異の、いっそうの強調へと繋がっていくのである。幾度も築かれるこの関係は、宰相中将による男装の女君陵辱事件に端を発するといえよう。この事件は女君に、女としての人生を歩むことを強制したものである。そこから始まる四の君との接近は、既に女であることを実体験した四の君への、男装の女君の接近と考えられる。それは、女君による、女、四の君の変奏である。そして、度重なる変奏の後には、必ず差異が現れる。ここに、二人の女の差異、ひいては男装の女君の四の君からの逸脱が印象づけられることとなる。

では結果として、そこにはどのような女像が結ばれるのだろうか。それには、まずは、そもそも四の君とはどのような女であったか見ていきたい。四の君という女を考えるとき、キーワードとなる言葉は、やはり「性愛」であろう。宰相中将との密通後、彼女に訪れたのは「性愛」への目覚めである。そうして宰相中将に惹かれ、さらに苦難の後、夫の男君に靡いていく四の君という女性は、はかなげな中に「性愛」に惹かれる心が潜み、次第に開花させる女として描かれていると考えられる。女であることに順応する存在というのが、男性の庇護のもとに生きる四の君という女性のあり方であろう。(13)

男装の女君は、女であることを突きつけられることによって、まさに四の君と同じ土俵上に立たされる。それが、男装の女君と四の君との接近であろう。女であることを実体験して、二人は同化する。しかし、その先には、何時も差異が存在し、かえって、二人の歴然とした違いを明確化していく。

男装の女君は、四の君との同化の後に、必ずそれを否定する心中思惟をめぐらせ、男を信用せず、拒絶する。女君は心中でそこから分化、離脱するのである。それは、つまり「性愛」への違和感、そして同時に「信頼」の拒否ということではなかろうか。辛島正雄氏は、男装の女君と四の君の「二度のレイプといってよい体験を経ながら生きている」点での「類似性」を指摘し、そこに、「男の一方的な都合によってその運命」が「決定される」といった、男による「支配のシステム」の下に、どんな女であれ、置かれるという「世の中」への「諦めにも似た、かくも苦い」「認識」を見る。[14]だが、この二人の間の類似には、「諦め」に終結しない、差異の明確化の構造があるのではないか。つまり、四の君が受け入れたものへの違和感の表明と、「拒絶」の希求である。

そうして、接近、対比を繰り返した後、物語終盤、四の君は男君との逢瀬で、また、女君も帝との逢瀬で、身の安定を手に入れる。しかしながら、身の安定を得た二人にも、相違が見られるのである。

四の君の場合、男君の愛を信頼し、身を寄せる過程が描かれる一方で、女東宮や女君に見られるような、離れ離れになった子を思う親心は語られない。[15]四の君に強調されるのは、男君との安定した関係である。それに対して、女君は、身の安定を手にした後も、帝に対して秘密を堅持し、「演技」を続ける。その上、心にあるのは宇治に残してきた若君への思いばかりであって、子ゆえに心は常に過去に向くのである。我が身の栄達を手にしてもなお、彼女はいわば孤立を選び取る。こうしてまた浮き彫りとなり、蓄積された差異は、二人の物語を構築し、その後の展開をも示唆するのである。

四の君という女は、「性愛」や男への「信頼」の心を開花させる。反対に、男装の女君は、四の君が手にしたものへの違和感を持ち続け、宇治の若君のことばかりを思慕し、心の中で自らを孤立に追いやる。

星山健氏は、男装の女君が「男装経験」をもとにした「「心強さ」を発揮」し、「最終的に栄華を手中に収めた」と指摘した上で、この現存『とりかへばや』は、「〈女の物語〉という大きなテーマに対し、男を捨て后になるという、到底現実的な解決とは言えない答えを出し」たと述べる。[16]

確かに、男装の女君は「男装経験」を原動力とした「かぐや姫意識」[17]ともいえる心理によって、権中納言のもとより脱出し、吉野の宮の予言通り栄華を極め、物語自体は幕を閉じる。けれども、彼女自身は、身の安定を手にしてもなお、決して安息を手にしてはいないといえまいか。彼女の違和感は未だ健在であり、「拒絶」の希求は終幕を迎えない。物語のエンディングが訪れても、彼女自身のストーリーは終息せず、水面下で続くのである。四の君は、男君の第一の人ではないが、妻として納まり、身の安定を手にする。彼女はまた、その男君との関係に充足するのである。しかし女君は、雲の上である宮中に上り、中宮という栄華を手にしてもなお、自己隔離を行ない、「拒絶」を希求する。安定した身という類似した状況下で、二人はやはり分化し対照的な関係を築いていくのである。度重なる四の君と男装の女君との接近、対比の果てには、このような女君像が構築されると考えられるのだ。

五、おわりに

『今とりかへばや』と目される現存の『とりかへばや』の基となった『古とりかへばや』では、今本の男装の女君にあたる男装の女君は、国母にはなることなく、宰相中将の北の方に納まっていたようである。また、古本における物語の展開は次世代に続き、そこでは四の君とその息子との哀話が語られたという。[18] この古本の結末が今本への改作にあたって、大きく変更されたことは注目に値しよう。四の君の我が子への思いはカットされ、男装の女君は中宮へと出世した。この改変は、今本が男装の女君を物語の中心に据え、彼女の〈女の物語〉に話の比重を置いたことに起因すると考えられる。四の君は、あくまで男に寄り添う地上の女として存在し、対する女君は、雲の上に上ってもなお「拒絶」を希求し、天を目指す。この二人の女君の接近と対比は、男装の女君という女像を浮き彫りにする上で、不可欠で重要な手法であったといえよう。

さらに、こうした男装の女君の結末についての改変は、次章に詳しく確認するが、先行物語に度々登場する、「いみじからむ后の位をも捨てて、靡き寄りなむかし」（『夜の寝覚』巻一　一〇九頁）、「いみじからむ后の位も何にかはせむ。」（『浜松中納言物語』巻三　二五八頁）といった言説と比べ併せて見れば、たいへん興味深い。これらは、后の位と男女の恋とを二項対立的に取り上げ、素晴らしい男、あるいは愛情深き男との恋や結婚にこそ女の幸せがあると語る。通じ合った男女の恋や愛情の深さを至上とするこのような論理は、現存『とりかへばや』内においても右大臣によって展開されている。

「さりや、夜をだに更かしたまはぬさまよ。この人の御心おろかにあはあはしからましかばいかに胸痛からまし。女は后になりても何にかはせん。この人に用ゐられたらんのみこそめでたかるべきことなれ。かしこく思ひ寄りにけり」と、我ぼめをし、言ひ散らし居たまへるも、いとあはれなり。（巻一　二一九頁）

四の君は、先行物語に通じる右の論理によって、素晴らしき臣下の男と縁づけられていくわけであるが、宰相中将の北の方という、先の古本の男装の女君の結末もまた、この論理の延長にあるといえるのではなかろうか。対して、今本の結末における女君は、男女の恋を一切拒否しつつ、「国母」という「上なき位」にまで上り詰める。まさに、右の言説を裏返したものなのである。[19] あくまで「性愛」を拒絶し、后、国母と上り詰め、身の安定を手にする現存『とりかへばや』の女君は、四の君のみならず先行物語に語られる女の幸せを無化していく存在といえるだろう。

注

（1） 本章では、便宜上、宮の宰相の呼称を宰相中将に統一した。
（2） 『鑑賞日本古典文学』（本書Ⅰ第二章注（1））
（3） 菊地仁『『とりかへばや物語』試論―異装・視線・演技―」（本書Ⅰ第三章注（3））、西本寮子「演じ続ける女君―『今とりかへばや』における罪の問題―」（『物語〈女と男〉』有精堂 一九九五年）に詳しい。
（4） 今井氏注（2）に同じ。
（5） 『新日本古典文学大系』（本書Ⅰ第一章注（7））
（6） 今井源衛「女の書く物語はレイプから始まる」（『王朝の物語と漢詩文』笠間書院 一九九〇年）
（7） 辛島正雄「『とりかへばや物語』における『源氏物語』摂取―四の君密通事件の場合―」（『語文研究』四七 一九七九年六月／『今とりかへばや』における『源氏物語』摂取（その一）四の君密通事件の場合」『中世王朝物語史論』上巻 笠間書院 二〇〇一年 所収）
（8） この場面でとる男装の女君の行動は、男装時代の不審がられぬための処世術、
かやうに一目も見る人の、心をつけて待ち思さんところも人の聞き伝へんことも知らず聞こえごちかかるあまたあれど、人のほど軽らかならずいとをかしかりぬべければ情けなからぬほどに折々言ひ交はし、（巻一 一九九頁）
に通じよう。
（9） 石埜敬子「とりかへばや物語の構造」（『跡見学園短期大学紀要』一二 一九七六年）・菊地仁「『とりかへばや物語』試論―異装・視線・演技―」（本書Ⅰ第三章注（3））・小田切文洋「物語文学における双子譚的要素の展開」（『国文学』四三―五 一九九八年四月）・『新日本古典文学大系』

（10）今井氏注（2）に同じ。辛島正雄「『今とりかへばや』の女中納言と四の君とをめぐる断章―〈女の物語〉の思想、あるいはレイプの政治学」（『古典研究』一　一九九二年十二月／「〈女の物語〉としての『今とりかへばや』女中納言と四の君と」『中世王朝物語史論』上巻　笠間書院　二〇〇一年　所収）・西本寮子「『とりかへばや物語』の主人公―女性としての成長を軸として―」（『国文学攷』九八　一九八三年六月）

（11）宇治と都を行き来する宰相中将（権中納言）は、二人の女君を指して、

また宇治にたち帰りたまへれば、いと人少なにて、これもいとふくらかにところせう苦しげにて、よろづを思ひ続けかきくらし思ひ乱れてながめ臥したまへるさまは、（巻三　三三八頁）

かれはいま一度見でむなしくなさんことは、なほ飽かずかなしければ、かかるよしを言ひおきて急ぎ出でたまふも、（巻三　三六六頁）

とする。これは、彼の中における、この二人の同質化を示唆しよう。

（12）『校注とりかへばや物語』（本書Ⅰ第一章注（2））・『新釈とりかへばや』（本書Ⅰ第一章注（4））・『鑑賞日本古典文学』（本書Ⅰ第二章注（1））・『中世王朝物語全集』（本書Ⅰ第一章注（10））・『新編日本古典文学全集』（本書Ⅰ第一章注（13））は、両歌ともに当該歌によるものとする。

（13）辛島氏注（10）に指摘あり。

（14）辛島氏注（10）に同じ。

（15）本書Ⅰ第六章を参照のこと。

（16）星山健「王朝物語史上における『今とりかへばや』―「心強き」女君の系譜、そして〈女の物語〉の終焉―」（本書Ⅰ第六章注（23））

（17）辛島正雄「『今とりかへばや』の人物と構造―《竹取物語》の影―」（『論集　源氏物語とその前後1』新典社　一九九〇年／『中世王朝物語史論』上巻　所収）・西本寮子「『今とりかへばや』の二重構造」（『広島女子大国文』一一　一九九四年九月）は、女君に『竹取物語』「かぐや姫」の影を指摘する。また、物語の女君に見られる「かぐや姫」の影に関しては、久下晴康（裕利）「変容する物語―その七、異端の女主人公」（『学苑』六〇〇　一九八九年十一月）に詳しい。

（18） 辛島正雄「『今とりかへばや』の定位」（『新日本古典文学大系』／「『今とりかへばや』の定位―異端と主流の間―」『中世王朝物語史論』上巻 所収）
（19） 本書Ⅱ第二章を参照のこと。

第二章　恋する帝をめぐる一考察

一、はじめに

現存『とりかへばや』を読み解く上で、最も留意しなければならない点の一つは、『源氏物語』やそれに続く『夜の寝覚』といった先行作品の強い影響力であろう。『源氏物語』以降の作品には、先行作品からの随所に見られる摂取は不可避であるといえる。『とりかへばや』もその例にもれず、先行作品のモチーフや場面の摂取が深浅様々な形で認められる。しかし、ここで注意すべきは、この物語の場合それが多く、男と女の入れ替えを大いに生かした〈パロディ〉の形でもって現れるということだ。つまり先行物語が、中でも男と女による互いの心の行方を追及した恋物語を描くにあたり、繰り返し用いてきた様々な手法を取り入れ、そこに構築されてきた恋の世界を喚起させながらも、根本たる男と女という前提を覆すことで、『とりかへばや』は、呼び込んだはずの恋の世界をことごとく茶化し、恋物語の〈パロディ〉化を行っていく。(1) こうした摂取のあり方は、場面設定に限らず個々の表現など細部にまでわたり、

『とりかへばや』という物語を築き上げている。(2)

こうした視点で、物語が終結に向かう巻四に至って初めて開始する帝と女君の物語を見たとき、そこには、見過ごすことの出来ない、ある問題が浮かび上がってくるのだ。そしてそれは、先行物語がたびたび描いてきた、恋する男としての帝が関わる男と女の物語に対しての、現存『とりかへばや』の姿勢を露わにするものと考えられる。しかも、この問題は、『とりかへばや』の女君の結末として選び取られたものが、何を意味するのかをも同時に解明するのではなかろうか。本章では、物語終末部における帝と女君の物語に焦点を絞り、『夜の寝覚』などの先行作品と比較検証しつつこの問題を検討したい。

二、『とりかへばや』における帝 ―― 問題の所在 ――

女君と男君は、互いの立場の取り替え完了後、それぞれ今尚侍と今大将となって宮中に出仕、物語は大団円に向かって突き進む。我が子への思いを犠牲にして男を断ち切った女君を待ち受けていたものは、熱意あふれる帝からの寵愛であった。

帝と女君との物語は、『とりかへばや』の物語が終結に向かう巻四に至って、初めて開始し、そして、帝寵を我が物とした彼女は、吉野の宮の以下に見られる、

つひには思ひのごと上を極めたまふべき契り、いと高くものしたまふめり。（巻一 二三九頁）

いとかしこく国母の位にきはめたまふべき相おはせし人なり（巻三 三五八〜三五九頁）

という予言通りに「国母」となって、ついには中宮の位にまで上り詰めるのである。

宰相中将[3]という男の恋によって人生最大の苦難を迎えた女君は、帝の恋によって現世最大の栄華を手に入れる。いい換えるとするならば、この帝は、右の巻一および巻三に語られる吉野の宮の、女君に対する予言を実現する、という役割のみを担った人物なのである。

その一方で、彼は、恋する帝としての特徴がある。この帝は、帝という地位にあるにもかかわらず、一人の男のごとく自身が積極的に動き、垣間見さらには闖入を成し遂げるのだ。こうした女を獲得せんと自ら接近するという彼の行動に注目して、大槻修氏は、「『夜の寝覚』における帝闖入事件の際の、寝覚の上の惑乱場面を想起させる」と述べ[4]、また、森下純昭氏は、「他の物語には珍しい「帝」の垣間見の場面を設定していること、あるいは帝の闖入事件など、主題展開のみならず構想の種々面においても類似するところが多々あるのである」と、やはり『夜の寝覚』の影響を指摘した[5]。つまり、『とりかへばや』の帝は、『夜の寝覚』の流れを汲む帝として位置づけられてもいるのである。さらに、辛島正雄氏は、

『夜の寝覚』において、女主人公に異様な執着をもって接近を図る帝が登場してからというもの、物語史上、帝の「ただ人」的行動のパターンが、目立ってくるようである。『今とりかへばや』にもまた、そのような一傾向が見えているといってよい。

と、帝の「ただ人」的なあり方、つまりは、臣下の男性に通じる、恋する男としての様相を強調する[6]。さらに、小田

切文洋氏は、帝の恋だけではなく、帝登場によって、女君、宰相中将、および帝の三者となる関係性に目を向けて、この帝を「中将と関わらせて登場させた」ところに、「忍び音型の様相もみせて、後半の三者間の悲喜こもごもを彩る筋立て」のための「工夫」があるとする。[7]

確かに、『とりかへばや』の帝による、女に自ら接近するという「ただ人」の男を思わせる行動、ひいては女君・帝・臣下の男である宰相中将という、この三者の関係性は、『夜の寝覚』での寝覚の上・帝・臣下の男君の関係に通じるものがあり、先行研究の述べるごとく、やはりその影響は看過できないものといえよう。

換言すれば、この『とりかへばや』の帝は、先行物語に見られ、『夜の寝覚』で極まったともいえる、恋する男としての帝の様相を帯びている。帝もまた、女を恋う一人の男として存在しているのだ。

ところが、『とりかへばや』の帝が、熱烈に恋する一人の男の心を語れば語るほど、あるいは、先行物語に通じる、恋する男としての帝の側面を見せれば見せるほど、この物語において、ある問題を顕在化させることになる。その問題は、『とりかへばや』の帝と先行物語の帝達との間に生じる、ある差異に由来するのであるが、それは、彼を、先行物語の帝達の系譜にそのまま結びつけるわけにはいかない人物として形作るのだ。

ならば、その差異とは、ならびにそこから発生する問題とは何であろうか。結論から先にいえば、すべては、『とりかへばや』における帝の場合、その描写が極端に限定されているということによる。つまりは、見られる者としての帝、いい換えれば、恋において女に相対する男の要素の問題である。

春宮は二十七八にて、御容貌などもただ王気づきて気高くおはしますが、　（巻一　一七八頁）

右は、帝の話題が物語内にて初めて登場する場面である。この東宮こそが後の帝であるが、彼はここで傍線部のように描写されている。この「王気づく」とはつまり、

女御の御宮たち、はた、父帝の御方ざまに、王気づきて気高うこそおはしませ、ことにすぐれてめでたうしもおはせず。この君、いとあてなるに添へて愛敬づき、まみのかをりて、笑がちなるなどをいとあはれと見たまふ。

（『源氏物語』柏木巻④三二三頁）

よき人どちはよしなきだに似るものなれば、まして同じ御ゆかりなればこそ。されど、これはいまよりさまことに王気さへつかせたまへるさまにぞ

（『狭衣物語』巻二①二二一頁）

などの他作品の例からも明らかなように、王統を継ぐにふさわしいさまを表すと同時に、『源氏物語』例中の、波線部における「この君」にあたる薫と「御宮たち」との対比の表現に確認される通り、容姿の美しさなどといった美質とは、別の次元のものであると考えられよう。

要するに、この帝は、まずその登場と共に、王統を継ぐにふさわしいさまを有することばかりが強調され、描写されているのであるが、問題は、『とりかへばや』では、帝の姿の描写はこの箇所でしかなされておらず、その後の登場場面においては、まるで見出せないことにある。もちろん、「王気づく」の語から読み手側は、素晴らしい帝像を想像することはできる。だが、ここで重要なのは、あくまで『とりかへばや』の語り、および帝に相対する女や周囲の人々が、帝のさまをこの箇所以外に語ることをしないということなのだ。なぜなら、帝が恋し、自ら動く存在であることに鑑みると、右のごとき描写の限定は、非常に不自然なことであるからである。恋し行動する帝の、先行物語

の帝との類似性と差異こそ、他ならぬ問題の所在といえよう。

三、先行物語における帝

それでは、帝に関する描写の無さを詳しく確認していく前に、まずは、恋し行動する帝として、その影響が指摘される『夜の寝覚』の帝のありさまを見ていき、この物語内においては帝の描写はどのようになされ、またそれぞれの描写は、どういった機能を果たすのかをあわせて分析していく。

泣く泣くのたまはする御気色の、あはれげになまめかせたまへることは、いと気高く、もの深けれど、つゆのことわりも知られず、過ぎにし御影もいとほしく、いとかくあはつけくて、かばかりも御覧ぜらるる、いと世に例ない心地するに、(略)なべての世の人聞きなどまでもただ今はおぼえず、内の大臣に、「あな、思はず」と、うち聞きつけられたらむ恥づかしさ、苦しさに、

(巻三 二七九～二八〇頁)

これは、寝覚の上に焦がれる帝が彼女のもとに闖入し、長時間にわたって言い寄るくだりであるが、ここには傍線部に見られるように、帝の魅力的なさまが語られている。とすれば、ここでの帝は、帝であると同時に、物語内部において、美質を備えた一人の恋する男として描写されるわけなのだ。

重ねて、波線部に注目したい。傍線部のような素晴らしさを併せ持つ帝に言い寄られた寝覚の上は、寝覚男君への自らの恋心を自覚する。端的にいうと、ここにおける帝の魅力の描写は、それを退ける寝覚の上の心強さと、寝覚男

君に寄せる思いの強さを強調する役割を担っているのである。つまり、裏を返せば、寝覚の上にとって帝は、自らに言い寄る一人の男として意識されているといえよう。

次に、寝覚男君との関連においての帝の描写を確認すれば、

さばかり気高く、あてに、心深くなまめかせたまへる御有様見たてまつりて、人には殊に、げにさもや、うち思ひ、靡きたてまつりぬらむ（巻三　二九八頁）

上の、いといたうおぼし入り、うちながめさせたまふ御かたち、有様の、にほひやかになどこそえおはしまさね、気高くなまめかせたまひて、艶にをかしうおはしますを、まいて、さばかりいみじき言の葉尽くさせたまひつらむを、さりとも見たてまつりつらむかし。（巻三　三〇五頁）

女にて、いとかかる御気色の、いかでか見知られ、あはれならぬやうはあらむ。御かたち、けはひ、いと気高うなまめき、心深う優におはします。御文の書きざま、まことは、かばかり見どころ限りなう、かたじけなき言の葉尽くさせたまへる。（巻四　三五五頁）

とのごとくに語られる。これらは、帝闖入事件を踏まえて帝と寝覚の上との関係を危ぶみ、嫉妬した寝覚男君の心中思惟にあたるが、ここにも、帝の魅力的なさまは傍線部のように認められるのだ。そうして、その素晴らしい帝に口説かれれば、寝覚の上も靡いてしまうだろうと彼は心配する。いい換えるならば、帝は、寝覚男君によっても、恋する男として女に相対するものと意識され、寝覚男君と並ぶ存在となっているのである。

また、帝の魅力は母である大皇の宮も高く評価する。

上の御有様を見ぬかぎりこそあれ、かばかり、限りなうなまめかしく、艶にいみじくおはしますを、見たてまつりだにそめては、え心強からじ。かならず思ひ靡きたてまつりて、かの大臣の方ざまは、思ひ退く心つきなむ

（巻三　二六七頁）

右の母大皇の宮の心中にてもやはり、魅力的な帝の求愛にあっては女は靡くに違いないという、先ほどの寝覚男君と同種の思考が働いているのだ。

以上、『夜の寝覚』の帝の描写に関して見てきた。恋する男である『夜の寝覚』の帝は、自ら物語を突き動かし、寝覚の上と関わっていく存在といえるが、永井和子氏は、この『夜の寝覚』における帝は、「苦悩が執拗に問い続けられるという形で具体的に主題と関わ」り、「むしろ人間として描かれ」、「その意味に於いて帝は男性主人公に比肩する存在なのであり、そこではじめて中の君と等質に向きあい、関わりあっていく」人物であるとしている。(8)つまるところ、男君の嫉妬、および寝覚の上とのくだりにおける帝の魅力に関する記述は、帝が寝覚男君と並ぶ男として、寝覚の上に相対する存在であって、帝と寝覚の上との関係も、寝覚男君と寝覚の上のそれと同じく、男と女であることを示している。恋し行動する帝は、帝であるのみならず、一人の男として語られるとともに、登場人物たちにも意識され、そしてその上で、男と女互いの恋心の行方が問題とされていくのである。

この点を踏まえつつ、他作品に目を向けてみると、帝の、一人の男としての描写は、なにも『夜の寝覚』のような活躍を見せなくとも、先行作品において表されてきたということがわかる。『源氏物語』以降の物語には、帝の姿、およびその心ばえ、才能に関する登場人物達による評の用例は散見し、かつまた、時代を遡って『うつほ物語』にも、

楼の上下巻にて、在位時のものではないものの、嵯峨院、朱雀院がそれぞれ「らうらうじく、愛敬づかせたまへり」（③五九一頁）、「気近くなつかしくて」（③五九二頁）などと表され、その他、後の今上帝にあたる東宮も、あて宮、仲忠、兼雅、祐澄などによって、才能、心ばえ等が、評されているのだ。

物語の登場人物たる帝は、その姿、心ばえ、才能などを人々から様々に批評される。とりもなおさず、帝は、帝であると同時に、物語内部においては、人から見つめられ、批評される一人の男であったわけだ。

そうした中でも、とりわけ、男女の関係の下に帝に相対する女達に注目したい。彼女らは、帝と臣下の男を並立させ、二人の男を比較し、評していく。例えば、『源氏物語』では、朧月夜の尚侍が朱雀帝と光源氏を比較する女となっているのだ。

よろづに恨みかつはあはれに契らせたまふ、御さま容貌もいとなまめかしうきよらなれど、思ひ出づることのみ多かる心の中ぞかたじけなき。（須磨巻②一九七頁）

御容貌などなまめかしうきよらにて、限りなき御心ざしの年月にそふやうにもてなさせたまふに、めでたき人なれど、さしも思ひたまへらざりし気色心ばへなど、もの思ひ知られたまふままに、などてわが心の若くいはけなきにまかせて、（澪標巻②二八一頁）

他にも、女から見つめられる帝としては冷泉帝が挙げられよう。彼もまた、玉鬘によって光源氏と比較される存在である。加えて『うつほ物語』では、今度はあて宮が、仲忠と東宮を比較する。(9)

男と女という関係のもと、帝に相対する彼女達は、『夜の寝覚』のごとく、帝と臣下の男を二人の男として並立させ、自らの心の行方を問題にしていく。換言すれば、そうした視点は、彼女たちが、男に相対する女として自らを位置づけ、自覚していることを表すのである。先行物語における帝は、一人の男としても意識される存在であり、そしてその上で初めて、帝と女と臣下の男による恋の物語は語られていくことになるのだ。

四、『とりかへばや』における帝の描写

先行物語における帝の描写に関して確認してきたところで、再度『とりかへばや』に話を戻そう。この物語において帝は、自ら意中の女に接近する点で、恋する一人の男として描かれているようでありながら、前述の通り、帝らしさを表すもの以外の、容姿、心ばえ、才能といったものが具体的には全く語られない。それが非常に特異なことであることは、上記の先行物語の例を見れば明らかであろう。

具体的に照合してみれば、まず、女君と相対した場面。先ほどの『夜の寝覚』では、女に相対する男としての帝の姿描写が見られたのに反して、『とりかへばや』においては、帝が『夜の寝覚』のごとく、恋する男として自ら行動しているにもかかわらず、女に向き合い、見つめられるはずの男としての描写を一切見出すことは出来ない。女君に相対しているはずの帝は、一人の男としての姿は描写されず、そして、相対する女であるはずの女君は、帝を誰かと比較するどころか、彼自身への感想さえも語らないのだ。中でも次のくだりに着目したい。

しひて引きやりつつ、年ごろ思ひし心のうち、大臣のあながちに辞びし恨めしさ、春宮の御悩みの折ほのかに見そめてしことなど泣く泣く言ひ続けさせたまふに、あさましうなりて、あらぬ人なりけり、中納言と思ひしは一

筋に心憂くねたかりしを、これは、わが身の憂さも御覧じあらはされなば、いかなることぞと思しとがめられたてまつり、あはあはしかりける身の有様を御覧じあらはしては、あなづらはしき方さへ添へて、行くてに思しめし捨てられなむことも、心憂く恥づかしうて、（巻四　四四九～四五〇頁）

泣く泣く後の世まで契り頼めさせたまふに、さすがにあやしと思しめし咎めさせたまふにやとおぼゆる御気色の、色にこそ出だしたまはねどいとしるきに、せん方なく恥づかしう、汗も涙もひとつに流れ添ふ心地して、人のあやしと咎めんもさすがに苦しう思さるれば、出でたまはんとても、あさからず契り語らはせたまふさま、まねびやらん方なし。

「三瀬川後の逢瀬は知らねども来ん世をかねて契りつるかな

この世ひとつの契りはなほあさき心地するを、いかがあらんと思ふなん口惜しき」とのたまはするままに、ほろほろと続きぬる涙に、いとど聞こえ出でん言の葉もおぼえず、いみじうつつましけれど、「なほ一言聞かでは、えなん出づまじき」とやすらはせたまふも、いとわりなければ、

行く末の逢瀬も知らずこの世にて憂かりける身の契りと思へば

朝夕聞き馴れさせたまへりし声けはひは、思しめしあやめらるることやとつつましうて、いたく絶え絶えまぎらはしたまへるけはひの、愛敬づき、聞かまほしきことぞ限りなき。片時たち離れさせたまふべき心地もせねど、御身を分かちとむる心地して、かへすがへす契りおきて、昨夜の妻戸より出でさせたまふ。

（巻四　四五二～四五三頁）

右は、ついに帝が女君をかき口説くという、『夜の寝覚』における帝闖入時の寝覚の上と類似した状況にある場面

である。ところが女君には、寝覚の上に見られたような心理は働かない。彼女に見られるのは、ただ波線部にあるような、過去の秘密の露見に対する恐ればかりであって、しかも、こうした秘密露見への恐れを表す心中思惟は、その後も繰り返され、中宮となった後にも次のように語られている。

うちほほ笑ませたまふ御気色、もしわがありつる気色をあやしと御覧じけるにやと心得らるるぞ、わびしかりける。（巻四　五一六頁）

一方で、帝の視線による女君の魅力は、「御顔いと赤くなりてうちそむきたまひぬるうつくしげさぞ、類なき」（巻四　五一七頁）といったように語られている。つまり女君には、寝覚の上のごとき、帝を一人の男として捉え、そしてその上で男に対する女としての心を問う視点が欠けている。

ひきつづいて、女君をめぐるもう一人の男として、帝と並ぶ可能性を持つ存在、宰相中将との関わりにおいて見ていこう。

無期に出でさせたまはぬを、宰相、わがやうに御覧じつけたらんとき、例なき様にても御横目あらじかしと思ひ寄るに、いつも御覧じつけてはかくのみ語らひなづさはせたまふと見しかど、日ごろは何とも思ひとどめられざりしを、うしろめたく胸のみつぶれて静心なし。（巻二　二八一頁）

既に女君と関係を持った宰相中将の、帝に長きにわたり引き止められる女君への心配と、嫉妬の心が表されている場面である。とすれば、前掲の『夜の寝覚』の寝覚男君の嫉妬心と通じるものが、このくだりにも見出せると予想されよう。

けれども、実際のところ右の引用からわかる通り、この宰相中将の心配事は、帝が女君の正体を見破れば「御横目あらじかし」ということに限定されており、彼は、女君が帝の寵愛を受け、手の届かぬ人となることにしか不安を感じてはいない。結局、女が、男としての帝に魅せられるのではないかといった、『夜の寝覚』の寝覚男君にあったような懸念は、宰相中将には一切認められないのである。

最後に、第三者としてある今大将、ならびに左大臣との場面に関して確認する。彼らは、女君への抑えられない恋情を心に、涙を浮かべつつ語る帝を見る存在だ。しかし、恋する帝を前に彼らが感じるのは、

> 同じ心ならずやと思ふこそ、かひなく」と仰せらるるものから、御涙の浮きぬるを、なほざりには思されぬことと見るも、今はいとうれしくて、（巻四　四四二頁）
>
> 限りなく思ししめられたんめる御気色も、かつがつ限りなくうれしく聞かれたまふ。思ひなく世の常のさまにて参りたまひて、后の位にも居たまはんに飽かぬことあるまじき御身を、何となきさまにて御覧ぜられぬるぞ、いみじく口惜しき。（巻四　四五八～四五九頁）

などに代表されるような、寵愛への感動ばかりであり、やはり帝を一人の男として捉えることはしないのであった。

かくて、以上のごとく、『とりかへばや』の帝を先行作品における帝達と対照すると、その差異は明確である。恋の文脈においては、帝であるとともに、一人の男としても見つめられる先行作品の帝に対して、『とりかへばや』の

帝は、ひとえに帝である面だけが強調されるのだ。そうした中で浮かび上がるのは、『夜の寝覚』のように女に近づく帝の、「ただ人」的な行動から想定される、男と女の相互の心を問題にした恋物語と、『とりかへばや』における帝と女君の物語との、歴然たる隔たりではないだろうか。

なお、『とりかへばや』では、この帝以外にも、「王気づく」と形容される人物が登場する。彼と女君の間に生まれた東宮だ。

男宮生まれたまひぬ。（略）若宮の、いとうつくしげに大きに王気づきておはしますを、ただ人知れぬ人の生まれたまへりしほどとおぼゆるに、いみじうあはれにて、御涙ぞほろほろとこぼれぬる。

ひたぶるに思ひ出でじと思ふ世に忘れ形見のなに残りけん

とぞ御心のうちに思しける。（巻四　五〇〇〜五〇一頁）

傍線部のように東宮の描写には、「うつくしげ」という表現が加わるものの、やはり「王気づく」が強調されていることは注目に値する。女君は紛れもなく王統を継ぐにふさわしい人物を産んだということが、ここでは重要視されているのだ。

重ねてもう一点着目したいのは、産んだ当人である女君は、帝の子を得た喜びはやはり語らず、宇治に残してきた我が子に思いを馳せているということである。しかも宇治の若君を思いはしても、一方で、その父親である宰相中将自身とのことは、依然として「ひたぶるに思ひ出でじと思ふ世」という認識であって、この男との仲を復活させたいといった思いがあるわけではないことが、ここに打ち出されているといえよう。

いってみれば、女君は一貫して、二人の男を自らの心より締め出しているのだ。彼女は物語の終末部において、かつての男、宰相中将を拒否し、そして新たな男であるはずの帝に関しては、語ることさえもしない。ここには、女君の女としての問題があるわけである。

五、四の君という女

さて、他ならぬこの女の問題、および、そこにおける女君のあり方を考える上で非常に重要となる人物が、『とりかへばや』には存在する。それは、物語終局に向けて女君と非常に類似した道のりを辿ったもう一人の女、四の君である。その類似性に関しては、辛島正雄氏によって既に詳細な指摘がなされ(10)、また、前章においてはその類似と差異について論じたところであるが、ここで改めて確認したい。彼女は、女君とほぼ同時期に宰相中将から離れ、新たな男である今大将の子を身ごもって、身の安定を手に入れる。だが、そこにおける反応は女君と一々対照的といえるのだ。

さはいへど、御けはひ有様何ごともこよなき御さまにて、御心ざしもいと深くなりゆくに、かかる御心地の後はいとどあさからず思したためるさまも、この人の御心ざしに劣るべくもあらざめり。恥づかしう恐ろしながらも、はじめはあながちなりし氣色にすこしは片寄りにしぞかし、今はた世の人の言ひ思ふらんこと、大臣の思されんうちうちの御有様といひ、方々なずらひなるべくも思されぬ、ことわりなりかし。（巻四　四七四頁）

これは、宰相中将に関する左衛門の報告を聞いての、四の君の心中を表したものだが、ここで彼女は、かつての恋人宰相中将と現在の夫今大将を比べ、今大将への満足と周囲の状況から考えても今さら宰相中将に靡くはずもないことを語るのだ。つまり右のくだりには、前の男と新たな男を比較するという、女君には見られない、むしろ先行作品の女達に通じる心情が表出されているのである。

彼女は、恋の対象として男二人を同じ俎上に乗せる、恋する女として存在している。換言すれば、女君には、こうした視点が欠如していることが、四の君の心中思惟との対照によって浮き彫りにされるのだ。類似した状況にある四の君との差異が、女君の特異性を明確化するといえよう。

次いでこの、物語内における四の君との類似と差異に注目したとき、看過できないものとなるのが、「三瀬川」の場面の類似性である。帝と女君との関係が開始する前掲の「三瀬川」の場面は、巻一にある四の君と宰相中将との密通場面と類似、対応した関係にある。これを指摘したのは今井源衛氏であるが、今井氏は中でも、「三瀬川」の歌における男の側の、契った女の処女性に関する意外感の対照性について言及している。(11)

わがためにえに深ければ三瀬川後の逢瀬も誰かたづねん　（巻一　二〇八頁）

この、宰相中将による「三瀬川」の歌は、「自分こそが三瀬川を背負って渡る」という感動の発露であり、まさに帝の前掲の、

三瀬川後の逢瀬は知らねども来ん世をかねて契りつるかな　（巻四　四五二頁）

という、「別に三瀬川を背負って渡してくれる男がいる」とする歌とは、対照的なものであって、今井氏の指摘する通り、両場面は、類似の中に男の意外感の対照性が際立つ関係にあるといえる。

けれども一方で、ここには女の側にも、対照的な反応が見出せるのだ。次のくだりに注目したい。

いとどめづらかなりつる気色はふと思ひ出でられて胸ふたがりぬ。（巻一　二〇九頁）

右は、宰相中将との密通場面直後の四の君を襲った感情を表したものである。この場面での四の君には、事件への惑乱が見えるものの、押し入った男に対する嫌悪の念は少なく、かえって、その後男に靡く彼女を暗示すると考えられよう。(12)

これを女君の反応と比較すると、その違いは明らかとなる。女君に見えるのは、秘密露見回避のための、すなわち保身からの行動、およびそれゆえの「演技」であった。ゆえに、男自身に対する思いは語ることなく、保身に努める女君は、恋に繋がる四の君とは、まさしく対照的といえるのではなかろうか。換言すれば、「三瀬川」の両場面の対応は、女と女の対照性をも明確化させる構造となっているのである。(13)とりもなおさず、二人の女は、類似し、接近することによってその差異が強調され、対比される関係となる。

かくのごとく四の君は、女君の反措定ともいえる女なのだ。女君は、帝との恋の始まりであるはずの「三瀬川」の場面で既に、恋する女である四の君とは対照的な像を築き上げていく。裏を返せば、四の君という女が、女君と類似を見せつつ、対置されることによって、女君の女としての特異性が、より一層浮き彫りとなるのである。

六、恋物語のパロディとして

こうして、先行作品という物語外部とだけではなく、『とりかへばや』の物語内部においても差異を積み上げ、女君と帝の物語は語られていく。そこから表面化するのは、先行作品の女達、および四の君に見られたような、男と女の相互の恋心を問題とした物語が介在せずに、あくまでも帝としてある帝からの絶大な寵愛と、王統を継ぐにふさわしい皇子の誕生によって、現世での栄達を手にした女君の結末である。そしてここに、女君への予言は見事実現されるのだ。つまり、吉野の宮による「国母」という、既に具体的な形でもって表明された予言は、結局その地位以外は問題にすることなく、実現したわけである。これは、先行作品における予言の担う役割を考えれば、かえって不自然なことといえるのではなかろうか。

『源氏物語』などの先行作品に繰り返し用いられてきた予言とは、それがいかに実現するかに重きが置かれていると考えられる。(14) だからこそ、予言というモチーフが出現した時点で、読み手の興味もまた、その予言の実現のされ方にあったといえよう。その点に鑑みれば、『とりかへばや』の上記の予言からも、先行作品に見られたような、男としての帝と女の物語が、想定された可能性もあるのではないだろうか。

事実、帝の「ただ人」的な行動、ならびに表される情熱的な恋心は、それを十分に意識させるといえる。予言の実現のため、女君の相手として登場した帝は、先行物語に描かれてきた帝の恋というモチーフをも呼び込んだのである。ところが、その予想に反して『とりかへばや』は、帝をあくまで帝とし、そこに男と女の機微は差し挟まず、その地位ばかりに焦点を絞って予言を実現させることにより、先行作品の影響下におけるそれらの想定をことごとく覆していく。

ゆえに、呼び込まれた帝の恋のモチーフは、かえって、帝を一人の男として捉え、自らを恋物語中の女として位置づける先行物語の女達と、そのような視点を持たない『とりかへばや』の女君との、対比を促すことになるのである。さらに『とりかへばや』内部には四の君という女。物語内部において、同時期に終結を迎える四の君の結末が、女君と類似することによって、二人は接近し、対比される。こうして、女君の特異性は一層浮き彫りとなるといえよう。

先行物語には数々の、女と臣下の男、そして帝という位にある男の三角関係における心の所在を問う物語が見られる。『とりかへばや』もまた一見、女君と宰相中将、そして帝という三者の関係から、そうした物語を紡ぎ出そうとしているかのようでありながら、結局のところは、帝との関係は「帝」との関係でしかなく、また宰相中将に関しては、徹底的に拒否する女君の心を描くことで、そうした物語から離反してみせる。『夜の寝覚』のような、帝の「ただ人」的な行動から想定された世界を、『とりかへばや』は打ち崩すのである。

ならば、ここには、『夜の寝覚』をはじめとする先行物語に見られたような、男と女の恋を前提とした三角関係の、〈パロディ〉ともいうべき三者の関係が見出せるのではなかろうか。このことを考える上で、物語終末部に語られる帝の誤解は示唆的である。

大臣の知りながら許さずなりにけるも、いかばかりあさはかなる人にかとなま心劣りしつるを、これはしも、帝と聞こゆとも、少々かたほならんは何にかはせん、人柄、容貌、有様をはじめていとめづらかなめる人なれば、さまで思ひ寄るまじきほどの御仲らひにはあらざりけんを、せめて上なく思ひ驕りけん心ざしの違はん本意なさ、また、人柄のせめてあだに頼みがたく、右の大臣わたりになどめづらしげなきやうならんなどを深く思ひ憚りて、許さずなりにけるならんかし、いかに男も女もかたみに心のうちもの思はしからんと、いとほしう推し量られさせたまふ。（巻四 五一五頁）

右は、物語の終盤、宇治の若君と女君の秘かな再会を影からこっそりと見守る帝が、女君のかつての男は宰相中将かと見抜き、その上で抱いた感懐である。ここで帝は、宰相中将を男として評価した上で、父大臣によって二人は仲を引き裂かれたに違いないと推察し、そして傍線部の通り、相思相愛の男と女を想像して同情する。

この、帝が思い描いた男と女の関係こそ、先行作品に見られた三角関係の世界なのだ。その世界を、男の面を問題とされない帝こそが意識し、しかも、その推測は結局的外れな誤解であって、男と女は決して仲を引き裂かれた恋人同士ではない。そこに、『とりかへばや』の皮肉を読み取ることができるのではなかろうか。

かくて現存『とりかへばや』の帝と女君の物語と、先行物語における帝と女の恋物語が対比的に浮かび上がる。『とりかへばや』の帝の「勘違い」は、その対比を強調する機能を果たすのだ。自らに先行の恋物語を当てはめる帝の姿は、皮肉的であり、滑稽味すらある。まさに先行作品における三角関係の世界を逆手にとり、そこからの「ズレ」を明確にすることによって、男と女を排した自らの世界を浮き彫りにしているのだ。換言すれば、この「ズレ」こそが、この物語の〈パロディ〉化の形なのである。そして、この〈パロディ〉化こそが、先行物語の恋物語に対する『とりかへばや』の姿勢といえよう。先行物語が描いてきた、恋する男としての帝と女の恋物語が、枠として明示されることによって、恋物語から離反した『とりかへばや』の姿勢を強調するのである。

以上、帝の描写に注目して、現存『とりかへばや』における帝と女君の物語を見てきた。情熱的な恋を表現しつつ「ただ人」的に女に近づく帝から思い起こされる、先行作品に見られた世界を、『とりかへばや』は、帝であると同時に一人の男として描かれた先行作品の帝達に対し、帝をあくまで「帝」として描くことによって覆し、そこから離脱していく。帝の、一人の男としてあるかのような、破格ともいえる恋心は、結局女君の前にあっては、現世での身の栄達という結末を得るための手段でしかない。

ここには、先行作品に用いられてきた男と女の恋物語枠を利用し、そこで描かれた世界を喚起させた上で、その世界を逆手に取って、それとの差異を表面化させ、むしろ男と女の恋を排した世界を構築する、という『とりかへばや』の姿勢が見出せるのだ。そうして、『とりかへばや』は、男と女の恋物語、果ては帝の恋物語をも無化していくのである。

七、おわりに ――「帝」の問題 ――

現存『とりかへばや』は、帝の恋を熱烈な、格別のものと描きつつも、女君の側からそれを無化する。帝が情熱的な一人の男として女君に相対せば相対すほど、女君の特異性が浮き彫りとなるのだった。そうした中で帝の恋は、彼女を現世最高の栄華に押し上げることとなる。

立石和弘氏はこの栄達に言及して、『とりかへばや』が幻想する性的な理想秩序が、天皇を中心化するものであることがあからさまに示されてくる」と述べる。[15] 帝が帝たることを強調した物語のありようとそこからの大団円を考えると、『とりかへばや』が国母の位とそれによる繁栄を、現世における女君の栄達と捉えていることは間違いないだろう。さらに、『とりかへばや』の帝は、「王気づく」と形容され、帝らしさの描写以外が省かれることによって、その地位が特化され、権威づけられているようにも見える。絶対的な「王権」を持ち得た帝像を描いているかのようでさえあるのだ。

けれども、栄達とともに行われる帝の恋の無化は、この帝の権威の問題を考える上でも、見過ごしてはならない。つまり、『とりかへばや』では、実はその地位こそが、結末としての栄達の手段に利用されることによって、かえって形骸化されてしまっているのである。先行作品における帝の恋のモチーフは、帝の「王」としての力、すなわち「王権」と、一人の男としての面との絡み合いの問題こそが重要であった(16)。『とりかへばや』の帝の恋は、それらとは隔たりを持っていよう。先行物語に見られるテーマに反し、その恋が、帝の地位のみに集約された上で利用されることにより、かえって「帝」自体の形骸化が露呈するのだ。したがって、『とりかへばや』では、帝の恋が利用され、無化されることによって、結果的に「帝」の相対化に繋がる結果をもたらすのである。

『とりかへばや』は、先行作品が描き、追求してきた男と女の恋物語を、男女の入れ替えというモチーフをもととして、もどき、無化させていく。そこでは、帝の恋も徹底的に無化されることとなった。恋する一人の男を思わせる、帝の行動から呼び起こされた帝の恋のモチーフは、男と女の恋の追求が排除され、女君の身の安定を手に入れるためのものとして位置づけられ、利用されている。その結果、利用される「帝」という構図が浮き彫りとなり、形骸化された「帝」像が浮上してくるのである。

この意味において、『とりかへばや』が親和した「王権」を、先行物語に見られたものと同じには考えられない。この物語の「王権」は、あくまで、結局男女の恋における心の追求に対立する、最大の身の安定をもたらすものとしてのみ位置づけられているのである。帝の恋心は女君にとって、その安定性を保証するだけである。

思えば、先行物語では、数々「王権」との二項対立のもとに、男女の恋における心が追求される。

「なかなかいとよしや。よに心憎く思ひたる人につきたまひて、一ところ心安く。おのれこそかかるおほたかりりに出だし放たれて、よには憂くまがまがしきことを聞き、見たまふ人は殊にはなやかにも見えたまはず。むつかしきままに、目も合はせたてまつりたまはずむつかれば、心よからずとは思されためり。いとこそ用なけれ。里にありしむかしのみ恋しくて、あらじものを。何せむに、かく出だし立てられてあらむと思へば、心憂く悲しきことも多くなむ」。

（『うつほ物語』蔵開上巻②四〇八頁）

げに、帝と聞こゆとも、人に思しおとし、はかなきほどに見えたてまつりたまひて、ものものしくもてなしたまはずは、あはつけきやうにもあべかりけり。

（『源氏物語』真木柱巻③三五一頁）

帝と聞こゆれど、ただ素直に、公ざまの心ばへばかりにて、宮仕のほどもものすさまじきに、心ざし深き私のねぎ言になびき、おのがじしあはれを尽くし、見過ぐしがたきをりの答へをも言ひそめ、自然に心通ひそむらむ仲らひは、同じけしからぬ筋なれど、寄る方ありや、

（『源氏物語』若菜下巻④二五五頁）

めでたの人の御様や。我、女にて、かばかりうちおぼえ、ながめたらむを見ては、いみじからむ后の位をも捨てて、靡き寄りなむかし

（『夜の寝覚』巻一　一〇九頁）

これも、『あるまじ、便なし』と、世にも言ひ誇り、人もそねみ言はば、国の位を捨てて、ただ心のどかに心をゆかせて、起き臥し契り語らひてあらむに増すうれしさ、ありなむや

（『夜の寝覚』巻三　二七八頁）

あるじの中納言の御かたちありさま、あてにけだかう、愛敬こぼるばかりあたりまでにほふ心地して、おり立ち、いみじう心に入れて、経・仏の飾り、世のつねなるまじうおぼしいとなみたるさま、いみじからむ后の位も何にかはせむ。

（『浜松中納言物語』巻三　二五八頁）

さやうの御交じらひは、あらぬまでも、上なき位にやなりたまはんの頼みをかけてこそ、うちうちの苦しさを慰

めても過ぐしたまはめ。思ひかくまじうては、何のかしこかるべきぞ。また己がやうならん上達部のはしは、ただ隙間なきやうにて、なほいと口惜しき御ありさまにてこそ侍るめれ。この御ありさま、一品の宮おはするにても、うちうちの御心ざしなどを見はべるに、などかはとこそ、見はべれ。世の思ひやりよりは、名残なき物忘れなどしたまふべくもなき御心を。ただ、時々にてもうち通ひたまはんは、生けるかひあるべきわざかな

(『狭衣物語』巻四②二六三～二六四頁)

右のごとき論理は、『とりかへばや』内においても、右大臣によって展開されている。

「さりや、夜をだに更かしたまはぬさまよ。この人の御心おろかにあはあはしからましかばいかに胸痛からまし。女は后になりても何にかはせん。この人に用ゐられたらんのみこそめでたかるべきことなれ。かしこく思ひ寄りにけり」と、我ぼめをし、言ひ散らし居たまへるも、いとあはれなり。

(巻一 二一九頁)

そして、そうした論法に乗せて先行物語の女達、および四の君は、臣下の素晴らしき男達に縁付けられていく。女君の結末は、かくのごとき論を裏返して、帝寵を得さえすれば、ともかくも現世における身の安定は確実であるといわんばかりである。男と女の関係の中で苦悩し、女の「幸福」を追求する物語の〈パロディ〉が行き着く先は、男女の心の追求に対立する后の位、すなわち「王権」のもとの栄光であったのだ。

河添房江氏は、現存『とりかへばや』の「中宮」の結末を、「女院」にまで到達する『有明の別』のそれに比した上で、

このように概観してくれれば、今本は院政期の手応えが希薄というより、むしろ、前代への憧憬と再帰の想いを熱くたぎらせた作品とみるべきなのではないか。古本から院政期の影を巧妙にぬぐいとりつつ、王朝追慕の志向を生きつらぬいたのが、今本の実態であり、その方位において古本とも「有明の別れ」とも訣別しているのであった。

と述べるが、(17)この点を、「前代への憧憬と再帰の想い」、ならびに「王朝追慕」という言葉にのみ還元し、片づけてしまっては不十分であろう。これは、この物語が「枠」としての先行物語世界にこだわった証として見るべきではなかろうか。(18)『とりかへばや』が女君を、『有明の別』とは異なり、「女院」の位までに及ばせなかったのは、先行物語の女達の道と二項対立的に位置づけられていたのが、后の位だからである。この物語が茶化し、〈パロディ〉化する対象は、前述のごとく『夜の寝覚』などに語られた男と女の恋、およびそこから発生する〈女の物語〉であるからこそ、それが語られた先行の「枠」を利用する必要性がある。ゆえに、自身の成立した院政期以降の時代背景とは隔絶されているのも必然といえよう。要するに『とりかへばや』は、先行物語世界の背景をあくまで逸脱せずに、それを「枠」として提示することによって、自らの立場、つまり男と女の心の追求した物語への〈パロディ〉的世界を際立たせていくのだ。

したがって、『とりかへばや』の女君の結末は一方で、後代物語に頻出する女の栄華の物語と、ただちに同じとすることはできない。なぜなら、この物語における女君の栄達は、あくまで先行の男と女の恋物語の〈パロディ〉の結果と考えられるからである。

かくのごとくに、女君が上り詰めた后という結末は、『とりかへばや』という物語における、〈女の物語〉〈パロディ〉化の意識を顕在化させる。男と女の関係。そこにおける女の「苦悩」。それらを追求した〈女の物語〉を語る先行物語達に対して、『とりかへばや』は、その〈パロディ〉を追求した物語といっても過言ではないのである。

注

(1) 本書Ⅰ参照

(2) このような引用論は、辛島正雄氏、西本寮子氏の研究をはじめ、既に様々示唆に富む論が展開されている。

(3) 本章では、便宜上、宮の宰相の呼称を宰相中将に統一した。

(4) 大槻修『平安後期物語選』(和泉書院 一九八三年)

(5) 森下純昭「「とりかへばや」の主人公と主題―作中歌・引歌と「夜の寝覚」との関係から」(本書Ⅰ第一章注(28))

(6) 辛島氏(本書Ⅰ第一章注(5))に同じ。

(7) 小田切文洋『『今とりかへばや』の構図』(『語文』七九 一九九一年三月)

(8) 永井和子「寝覚物語の帝―中の君の主人公性との関わり―」(学習院女子短期大学『国語国文論集』一八 一九八九年三月/『寝覚物語の研究 続』笠間書院 一九九〇年 所収)

(9) あて宮は、東宮の筆跡を仲忠のそれに比べて、「さし比べて見るに、まさりにはえぞあるまじき」(国譲上巻③ 一〇四頁)と述べている。

(10) 辛島氏(本書Ⅱ第一章注(10))に同じ。

(11) 『鑑賞日本古典文学』(本書Ⅰ第二章注(1))

(12) 「めづらか」は非常識で失礼なの意であるが、その中に意外な感情が動いたことをも暗示している。宰相の暴行を受けながら、嫌悪の念の薄い受けとめ方である」(『新日本古典文学大系』(本書Ⅰ第一章注(7)))

(13) 女君と四の君は、しばしば類似を見せつつ、対照的なさまが描かれる。それは二人の女の差異を明確化させ、特異な女

君像を構築する構造となるのである。(本書Ⅱ第二章参照)

(14)　王朝物語に見られる予言を、室城秀之氏は「物語が予言の教えるままに展開されるのではなく、物語が、予言を抱え込んで、物語の世界を自ら作り出す」と定義づける(『王朝物語必携』学燈社　一九八八年)。予言とは、それが投げかけられることによって、物語内において登場人物の内面に働きかけ物語を展開させるとともに、読み手には「謎かけ」(高橋亨「源氏物語の方法─謎かけの文芸」(『新講　源氏物語を学ぶ人のために』世界思想社　一九九五年／「謎かけの文芸としての源氏物語」『源氏物語の詩学　かな物語の生成と心的遠近法』名古屋大学出版会　二〇〇七年　所収)としての機能を果たすものとして位置づけられよう。

(15)　立石和弘『とりかへばや』の性愛と性自認─セクシュアリティの物語」(『女と男のことばと文学』森話社　一九九九年)

(16)　例えば、『源氏物語』桐壺帝の恋には、「聖別された存在」である「帝のタブーとの格闘」(益田勝実「日知りの裔の物語─『源氏物語』の発端の構造─」『火山列島の思想』筑摩書房　一九六八年)があり、また、さらに遡った『竹取物語』のかぐや姫と帝に関しても、小嶋菜温子氏は、「帝が皇権を発動すれば、かぐや姫もその神権を行使する。いいかえれば、制度性が後退した時のみ、ふたりは個としての関係を結びうるはずだ」(『かぐや姫幻想─皇権と禁忌』森話社　一九九五年)と述べる。

(17)　河添房江「『とりかへばや物語』」(『国文学　解釈と鑑賞』五三─三　一九八八年三月)

(18)　そのようなあり方も一つの「再帰」ということはできよう。

第三章 英訳された『とりかへばや』
――〈斜行〉する『とりかへばや』の世界――

一、〈斜行〉する『とりかへばや』の世界

一九八三年、アメリカにおいて Rosette F. Willig 氏による現存の『とりかへばや』英訳本 “The Changelings : A CLASSICAL JAPANESE COURT TALE”(1) が刊行された。これは、『とりかへばや』としては最初の英訳本であり、現在までのところ完本としては唯一といえるものであろう。一九七〇年から一九八〇年代にかけてのアメリカでは、平安後期以降の物語作品の英訳本が次々に刊行され(2)、同書も、そうした流れに従いつつ世に出たものと思われる。だが、『源氏物語』以後の大作として日本文学史上にも位置づけられる『狭衣物語』の英訳本が未だに見られない中、『とりかへばや』がいち早く翻訳されたことは、現代における『とりかへばや』の受容を考える上でも注目に値する。ところが、この時代や国籍を超えた『とりかへばや』英訳本 “The Changelings” は、管見の限り、日本国内では今日に至るまであまり紹介されては来ていない。本章では、その “The Changelings” を取り上げる。

まず、翻訳者は底本として鈴木弘道『とりかへばや物語の研究　校注編解題編』、新典社版原典シリーズ『とりかへばや』（宮内庁書陵部蔵御所本）を挙げているが、[3]原則『とりかへばや物語の研究』に沿って三巻構成をとっており、本文の立て方、ならびに解釈もこれに基づいている。人物の呼称については、後に詳しく説明するが、出仕後の男装の女君、女装の男君は、きょうだいの入れ替わりまで一貫してそれぞれ“Chūnagon”,“Naishi no Kami”と呼ばれ、これらが固有名として扱われる。こうした官職名を固有名として用いる態度は、宰相中将などの他の登場人物についても見られることであり、人物呼称に関しては、原典に忠実であるよりも、読者へのわかりやすさを優先した翻訳方法を採用していることがわかる。ただし、一方で、引歌および慣用表現については、逐語訳的に訳出した上で脚注において解説を加える方式を採っており、その点では、出来る限り原典に見られる表現、さらには、そこに描出される世界や雰囲気を損なわぬよう努める翻訳姿勢が窺えよう。

このようにして鈴木氏の『とりかへばや物語の研究』に多く寄り添い英訳された“The Changelings”であるが、やはりそこには、基となった『とりかへばや物語の研究』とも異なる独自の世界が構築されている。それは、翻訳という作業に付きまとう問題、すなわち言語の構造の相違、訳語と原語の間の意味内容の差異、さらには文化的隔たりによる先入観等々によって不可避的に生じる「ズレ」の結晶ともいえよう。

加えて、「その奇変を好むや、殆ど乱に近づき、醜穢読むに堪へざるところ少からず」という有名な藤岡作太郎の評言が、[4]今日においては批判されるべき対象として広く認知されていることに象徴されるごとく、「性の入れ替え」のモチーフを扱った『とりかへばや』は、読者が依拠する文化的価値観の相違によるイメージの変動が著しく現れる。そうした中で、時代、国、言語も大きく異なった翻訳者の手による“The Changelings”はどのような『とりかへばや』の世界を創出しているのか。

時代の隔たりを〈縦の移行〉、国・言語の隔たりを〈横の移行〉とすると、一九八〇年代における日本古典文学の英訳本は、まさに〈斜行〉した文学作品といえる。本章はその〈斜行〉した『とりかへばや』の世界を紐解いていきたい。

なお、本章において「原作」「原典」と呼ぶ場合は、『とりかへばや物語の研究　校注編解題編』を指し、比較検証のため英文と併記してこの本文を引用する。表記は私的に改めた箇所もあり、傍線等は筆者による。

二、三人称代名詞の問題

“The Changelings” は発表当初より、日本語と英語との文法的性質の違いが必然ともいえるかたちで引き起こした、ある重要な問題について指摘がなされている。

Mack Horton 氏は、人物の呼称、特に三人称代名詞について、男装の女君を **“he”**、女装の男君を **“she”** とし、きょうだいの立場入れ替えまで変更することなく使用し続ける翻訳者の方針が、**“Chūnagon began to feel constrained by his pregnant condition.”**（中納言は彼の妊娠状態により窮屈を感じ始めた）といった訳を生み出し、英語の性質上避けられないものではあるものの、原作の文章が持つ両義性、性別の曖昧性を損ねる結果となったことに言及している。[5] また、**Sey Nishimura** 氏も、やはり性別を書き分ける三人称代名詞の使用によって、**“he was pregnant”**（彼は妊娠した）という不自然な文章が生まれたとする。[6]

英語における主語の明示および三人称代名詞による問題は、日本語を英語に翻訳する場合に不可避的に生じるものの、しかし一方で、結果的に原作とは異なる世界を構築する大きな要因となるという点で看過しがたいものである。

特に「性の入れ替え」を描く『とりかへばや』には、Horton 氏、Nishimura 氏の指摘する “he” と “she” の使用の問題が強い影響を与えるといえるだろう。

“The Changelings” では、前述の通り、異性装のきょうだいの性を周囲が取り違えて以来、男装の女君に “he”、女装の男君に “she” を用いる。そこで、先の “his pregnant” といった訳が発生するわけだが、筆者が注目したいのは、その三人称代名詞がきょうだいの立場入れ替えまで、つまりは異性装解除の後もしばらくの間変更されることなく、二人に使用され続けることである。次に詳しく順を追って見ていく。

物語の冒頭、後に男装の女君、女装の男君となるきょうだいは、誕生時において女君は「姫君」、男君は「若君」と称される。“The Changelings” もまた、それに従って以下のような訳を当てている。

Their faces, identical for the most part, differed only in that the boy’s revealed a certain elegance; he was endowed with a refined and noble look. The girl had a bright and proud countenance, infinitely attractive. Its charm touched all about her. (Book One p.14)

おほかたはただ同じものと見ゆる御かたちの、若君はあてに、かをりけだかく、なまめかしき方添ひて見えたまひ、姫君ははなばなとほこりかに、見てもあくよなく、あたりにもこぼれちる愛敬などぞ、(上　六頁)

このような男君＝“he”、女君＝“she” という構図が逆転することになるのは、次の場面を経た後である。

Hereafter I shall refer to the children as the others had come mistakenly to do; the son I shall call the daughter, and the daughter the son. (Book One p.16)

君だちをも、今はやがて聞こえつけて、若君姫君とぞきこゆなる。 (上　八頁)

成長とともに男君は女らしく、女君は男らしくふるまい、周囲はきょうだいの性別を取り違えていく。原作においては性別を逆転させた呼称を、あくまで周囲の人々の認識、誤解として語るのに対して、"The Changelings" では二重線部の通り、語り手が登場し、呼称の逆転が宣言されるのは特徴的である。

さらに、性別を取り違えられたきょうだいは、そのまま成人、出仕する運命を辿るが、"The Changelings" は、きょうだいの出仕を機に、官位と関わりなく女君を "Chūnagon"、男君を "Naishi no Kami" と呼び、以後、これらを固有名として用いていく(7)。そして、これらの呼称は、三人称代名詞と同じくきょうだいの入れ替えまで一貫して二人の名の代わりに登場することになる。この判断は、原作への忠実性よりも英訳読者へのわかりやすさを重視したため(8)と思われるが、しかし、その結果として前述の Horton 氏、Nishimura 氏の指摘に見られた次のような訳が弊害的に生み出されたわけである。

He was inconsolable, but his circumstances were such that he could not reveal to anyone that he was pregnant. (Book One p.96)

さりとて、「われこそかかれ」と、人にいひあはすべきことにもあらず。 (上　九六頁)

男装の女君は、妊娠し、自身の肉体の女性性を突きつけられても、あくまで "he" と呼称される。いい換えれば、

“The Changelings” における女君は、たとえ肉体が女性であっても社会的には男性であり、男性としてのアイデンティティを保持し続ける存在として描かれているのだ。[9]

そして、こうした翻訳姿勢が貫かれることによって原作とは異なった英訳本独自の世界を創出することになったのが、異性装解除後の女君と男君の呼称である。

原作というべき『とりかへばや』の本文においては、二人の異性装解除以降、女装した女君ならびに男装した男君の呼称にそれまで異性装時に用いられていた官位名等が、異性装解除を知らない人物の回想や心中思惟中を除いて[10]使用されることはなくなる。代わって、女君の場合、四の君との対比による「これ」(中　一二七頁、一三八頁)、「この君」(中　一三三頁)といったものや、さらには「女君」(中　一三七頁、一三九頁、一五三頁)、「子持ちの君」(中　一四四頁)「母君」(中　一四四頁)、「この姫君」(中　一七二頁)といった女性性が意識された呼称が登場するようになるのである。男君もまた、男装し失踪した女君を捜しに京を離れた後には、「男君」(中　一三四頁、一五〇頁、一六二頁、一七二頁)、「男」(中　一六五頁)と称されるようになる。つまり、『とりかへばや』は、服装の性差に連動し男女の別が書き分けられており、女君と男君はそれぞれ女装、男装になることによって、女性性、男性性を獲得していくのだ。

一方、“The Changelings” は、異性装解除後も先に見られた呼称の法則を変更することはない。

He plucked his brows and blackened his teeth, making him look like a woman. (Book Two p.117)

眉抜き、かねつけなど女びさせたれば、(中　一一八頁)

It had long been a source of grief to him that he could not exchange his children. Now, when he saw her, those regrets passed away. In his joy, tears dimmed his eyes, and he could not see how she looked.

Chūnagon was beautiful. This charming and radiant woman's hair was lustrous and full. Sitting there, looking so very splendid and delicate, he was like a dream. Naishi no Kami was an indescribably good-looking man, and seemed unreal standing there, composed and handsome.

(Book Two p.164)

男君は御前にさぶらひたまひて、殿見たてまつりたまふに、とりかへばやの御嘆きばかりこそかはる事なりけれ。うれしきにも涙にくれて、え見たてまつりたまはず。いみじくうつくしげに、なつかしうはなやかなる女の、髪はつやつやゆらゆらとかかり、いといみじくめでたくて、なよよかなるさまにてゐたまへるも夢のやうに、えもいはずきよらなる男にて、ありつきびびしくてさぶらひたまふも、

(中 一七二頁)

とあるように、女君は "Chūnagon" と呼ばれ続けるとともに三人称代名詞には "he" が用いられ、男君も "Naishi no Kami" であって、あくまで "she" とされ続けるのである。"The Changelings" では、服装の性差に呼称の性差が左右されることはない。それはあたかも、服装の性差だけでは、女性としてあるいは男性としてのアイデンティティは確立されないといいたげではあるまいか。二人の呼称の逆転は、きょうだいの入れ替わり、すなわち社会的立場の取り換えを待たねばならない。

また、こうした呼称の翻訳の方針は、次のような事態を生み出すことになる。

An infinite tenderness and deep love grew in Naishi no Kami's breast. It was indescribable. As she grew familiar with the Princesses, she found them graceful, refined, radiantly beautiful, ideal.

(Book Two p.158)

男の御心には、かぎりなくあはれに深き御こころざしもまさるにや、いふかひなく、見馴れ行くままに、あて

にけだかくにほひあり、思ふさまなる御かたち有さまを、　　　　（中　一六五～一六六頁）

これは、吉野滞在中の男君が、吉野の姉君[11]に心惹かれるままに契りを結び、愛情を深めていくくだりに当たる。『とりかへばや』本文においては、男君は「男」と表され、外見的にも内面的にも男性である男君と、女性の吉野の姉君との典型的な異性愛の場面となっている。ところが、**"The Changelings"** の場合、この時点の男君は傍線部の通り、たとえ男装となっていても **"she"** と呼ばれ続ける存在であるために、かえって、原作にはない同性愛的な印象を与えているといえよう。ここには翻訳によって新たに構築された物語世界がある。

さて、そうした男君と女君の呼称が **"The Changelings"** においてついに入れ替わるのは、きょうだいが京に戻って父左大臣と再会する場面における、次の左大臣のことばを契機とする。

From now on, Naishi no Kami, you will go about in public as Chūnagon.　　　　(Book Two p.164)

今ははやぅ大将にて交らはれよ。　　　　（中　一七三頁）

そして、きょうだいの入れ替わりを推奨する父のことばの後には以下の記述と脚注が続いている。

The former Naishi no Kami had said that she had been suffering from an aliment these past days, and as a result a messenger arrived from the Imperial Princess.

（脚注）From this point on I shall refer to Chūnagon as Naishi no Kami, since he has now assumed the female role, or on occasion as "the former Chūnagon." Similarly, Naishi no Kami now becomes Chūnagon or "the former Naishi no Kami." (Book Two p.164-165)

尚侍、日ごろ例ならず悩みたまふといひなしければ、春宮よりも御使まゐりて、（中　一七三頁）

この場面を皮切りに、原作においても女君は新たに「尚侍」と呼ばれ、男君も「大将」と称されるわけだが、"The Changelings" は、ここをもって二人の呼称を逆転させ、以降女君は "she" となり、男君は "he" となって、ようやく三人称代名詞の性別を変更する。いってみれば、"The Changelings" では、父の承認があって初めて、女君と男君とはそれぞれ「女性」、「男性」として認定されるのだ。原作以上に父の承認あるいは認定と、女君と男君のアイデンティティとの関わりが強く押し出される形と考えられる。

このようにして見ると、服装の性差によって男女の別が左右される原作に比して、"The Changelings" における男女の別は、父の承認、そして、それに伴う社会的立場・役割の変化が深く関わっている。つまり、服装の別以上に、社会的立場・役割に規定された「性差」が強調される構造になっているのである。この点、"The Changelings" に見られる性差の描き方は、本質主義的な性差観とは一線を画したものといえるだろう。[12]

なお、"The Changelings" ではこれ以降、女君と男君は、掲出の脚注の通り、一貫して立場交換後の呼称とそれに基づく三人称代名詞で呼ばれることになるのだが、ただ唯一、この呼称の法則とはまた別の論理で三人称代名詞を使い分ける登場人物がいる。女君の男装の過去を知る人物、権中納言（Saishō）である。"Saishō" は、女君を失った後、きょうだいの入れ替わりを知らずに今大将（男君）を女君と思って付きまとい、翻弄される。それが、"he" と "she" の別によって書き表されているのだ。

まず、きょうだいの立場取り換え以前、女君が女性と知るはずの "Saishō" は、女君を指して、直接話法による心中思惟においても "he" と表現している。

"How great his determination must have been to have forsaken such a child!," (Book Two p.159)

「あはれ、かかる人を見捨てたまはん心強さこそ」 (中　一六七頁)

ところが、きょうだいの入れ替えが行われると、その事実を知らないにもかかわらず、やはり直接話法を用いた心中思惟における女君の呼称は次の通り "she" に転じるのである。

"Chūnagon was so indescribably lovely it was well worth gazing at her," he thought. (Book Two p.173)

いひ知らず見るかひ有り、 (中　一八一頁)

この辺りは、物語展開の整合性よりも、全体を覆う呼称の翻訳の方針が優先されたものと考えられる。

そうした姿勢に変化が見られるようになるのは、権中納言（Saishō）が女君の影を追い求めるあまり、京に現れた今大将（男君）との対面を図る場面からである。

Feeling the color of his complexion change, Chūnagon firmly composed himself. Saishō wanted some opportunity to speak with Chūnagon and learn her feelings. With this thought alone in mind, his eyes remained fixed on her.

(Book Two p.174)

われもけしきうちかはる心地して、いとすくよかにもてしづめて、いかなるひまに、ものいひ寄りけしき見ん
と、ことごとなく目をつけて見れど、　(中 一八三頁)

権中納言 (Saishō) の登場に緊張が走る今大将 (Chūnagon, he) と、彼を通して女君 (she) を追い求める権中納言 (Saishō) の心情が錯綜する場面を、傍線部と波線部の三人称代名詞の別によって描出している。他にもこのような書き分けは左記の場面に確認される。

Now Saishō would not have gone on grieving and yearning as the days and months went by if he had simply felt he did not know where Chūnagon was. But why would she change herself when she had fully become a woman? ……When they went to court, Chūnagon still treated Saishō with particular coolness, firmly keeping his distance. There was no way Saishō might approach him ……
(Book Three p.206-207)

宮の中納言は、月日に添へて、ただひたぶるに行方なく思はば、こひしかなしとのみさのみやおぼえまじ。これはさても、いかでか女びはてたまひにし身をあらため、(略) 内わたりなどにて、はたことにもて離れ、すくよかにもて離れ、
(下 二一九〜二二〇頁)

これもまた、三人称代名詞を峻別することで、権中納言 (Saishō) の追う女君の影 (波線部) と、今大将 (傍線部) との違いを明確化させている。それによって、きょうだいの入れ替えに翻弄される権中納言 (Saishō) の姿が前景化

する構図となっているのだ。

かつての大将（女君）と今大将（男君）が別人であることは、原作においても、きょうだいの入れ替わりの場面が描かれることで、初めより読者には自明のものとしてある。しかし、常にその別が主語等によって示されているわけではなく、女君の影と男君とがどこか重なるような印象を与えるものとなっている。

一方、"The Changelings" は二人の別を明示することで、両者の間に右往左往する権中納言（Saishō）の姿を浮き立たせている。別人であることに気づかず、"she" を求めて "he" を追う権中納言（Saishō）。この構図は、権中納言（Saishō）の滑稽なさまをより鮮明にし、喜劇的要素を強める。この辺りには、『とりかへばや』を一部においてシェイクスピア劇の喜劇に通じるものがあるとする、[13] 翻訳者 Willig 氏の解釈が影響していようか。

なお、こうした権中納言（Saishō）視点による三人称代名詞の法則は、時折綻びを見せている。

"If only there was some opportunity, I would speak to him." (Book Three p.192)

「いかならんひまもがな。物いひかからん」（下　二〇三頁）

He is not so serious-minded, as he was for years. (Book Three p.214)

年ごろのやうに、まめまめしうもえものしたまはず。（下　二二九頁）

これは二例とも直接話法でもって権中納言（Saishō）の心中が表されたくだりだが、依然別人であることに気づいていないはずの権中納言（Saishō）が今大将を指して "he" としている。一例目は、少しでも話しかける機会を見つけようと、今大将に影のようにはりつき追い続ける権中納言（Saishō）の心中を語るもの。二例目は、今大将と麗景殿の女御の妹との後朝の別れを目撃し、動揺する権中納言（Saishō）の心中思惟である。すなわち、両例ともに権中納言（Saishō）が今大将を前にし、その目の前の今大将自身を意識した場面なのだ。それゆえ、ここでは今大将を示す呼称が優先され、“he” が出現したと考えられよう。

> He remembered, as though it had just happened, how, when he became a Middle Counsellor, Chūnagon had seen Yon no Kimi's poem about the “one unknown”, and how, though it did not show on his face, Chūnagon had seemed to be pensive.
> (Book Three p.228)

> 昔おぼし出でられて、中納言になりたりしをり、かの四の君の、「人知れぬをば」とありしを見て、色には出だしたまはざりしかど、いかにぞやうちおぼしたりしけしきの、ただ今のやうに思ひ出でたまふに、
> （下　二四五頁）

続いて右記は、男装時代の女君を権中納言（Saishō）が追懐するくだり。間接話法を用いているにもかかわらず、ここでは女君が “he” となっている。男装時を回想するものゆえ、それに合わせた形となったものと思われる。

以上、“The Changelings” における三人称代名詞の使用法について見てきた。そこには、原作とは異なる新たな論理、そして世界が認められるのである。

男装の女君、女装の男君は、異性装時のみならず異性装解除後も、立場を交換するまではそれぞれ異性装時の呼称で呼ばれ、それに応じて女君は “he”、男君は “she” とされ続ける。それはまるで、父の承認を得、社会的立場をもって入れ替えるまで「女性」として、あるいは「男性」としてのアイデンティティは確立されていないといわんばかりだ。

服装によって呼称も変わる原作とは一線を画した性差観を、英訳本“The Changelings”は有している。

また、きょうだいの立場交換後に女君の影を追い続ける権中納言（Saishō）の場面に当たっては、三人称代名詞を峻別することで男君と女君との別を明示し、両者の間に右往左往する権中納言（Saishō）の姿を前景化させて、その喜劇性を強調する手法が確認された。ただし、これは、翻訳者が基本的に採用した、上記の法則による呼称の固定の徹底との関係で時折矛盾を見せている。

三、美　質

前節においては、英語と日本語の文法上の大きな違いである三人称代名詞の使用という観点から、“The Changelings”の描く世界を吟味してきた。つづいて本節では、異性装のきょうだいの美質の描写を見ていく。

現存『とりかへばや』におけるきょうだいの美的特徴は、物語全体を通して一貫したものとして描かれる。

まず二人の顔立ちが瓜二つであることが強調され、次いで、全体的な印象が、男君は「あてにかをり気高く、なまめかしき」であり、女君は「はなばなとほこりかに」「あたりにもこぼれ散る愛敬」があることが述べられる。静と動とも言えるこの対照的な性格は、以後もことあるごとに繰りかえされるが、異装解除の後も二人を特徴づける美質として描かれることからも分かるように、とくに男女の性別を示すものではない(14)。

と解説されるように、異性装時、異性装解除時の別なく、男君は「気高し」「なまめかし」「あて」、対して女君は、

「はなばな」「愛敬づく」といった形容がそれぞれ固定化されて用いられている。これらの美質は、良く似た二人の本質的な違いを表す特徴として『とりかへばや』においては意識的に使い分けられているのだ。

ならば、“The Changelings” では、そうしたきょうだいの美質はどのように訳出されているのであろうか。緑川真知子氏は、『源氏物語』英訳本三作品における光源氏の美質描写を比較して、「光源氏は美しい容貌を備えているという一点だけは共通」していても「細部は相違」し、それが「読者が受ける光源氏像の厚みといったものに自ずと影響を与えている」と述べる。[15] 原文の描写を簡潔化して表現するか、あるいは細かに原文に対応させ訳出するかで光源氏の印象も大きく異なり、その人物造型にも影響を与えるというわけである。

このような点を踏まえつつ、“The Changelings” における異性装のきょうだいの美質の描写を確認していきたい。

> Their faces, identical for the most part, differed only in that the boy's revealed a certain elegance; he was endowed with a refined and noble look. The girl had a bright and proud countenance, infinitely attractive. Its charm touched all about her. To this day their features have never been equaled. (Book One p.14)

> おほかたはただ同じものと見ゆる御かたちの、若君はあてに、かをりけだかく、なまめかしき方添ひて見えたまひ、姫君ははなばなとほこりかに、見てもあくよなく、あたりにもこぼれちる愛敬などぞ、今より似るものなく物したまひける。 （上　六頁）

まずは、前掲の解説にも挙げられている、きょうだいの美質が初めて描かれる場面である。それぞれ傍線部が男君、波線部が女君の描写である。男君の美質の訳には “elegance”, “refined”, “noble” が用いられ、女君の特徴は “bright”,

"proud countenance", **"charm"** によって訳出されている。

その後も、服装の別に関係なく、男君の形容には **"refined"** (p.40, p.79(2), p.81, p.132, p.147) や **"elegance"** (p.79, p.185), **"elegant"** (p.18, p.81, p.132, p.147, p.160) といった単語が、そして、一方の女君には、**"charm"** (p.19, p.36, p.39, p.67, p.72, p.81, p.114, p.178, p.185), **"charming"** (p.25, p.37, p.68, p.69, p.71, p.88, p.97, p.122, p.123, p.131, p.139(2), p.159, p.164, p.181(2), p.198, p.238) や **"radiant"** (p.30, p.35, p.47, p.53, p.65, p.72, p.88, p.91, p.102, p.110, p.113, p.115, p.117, p.122, p.131, p.132, p.139, p.152, p.155, p.164) がもっぱら用いられる傾向にあり、二人の美的特徴の差異、美質の別は意識され、訳出されている。ただし、訳語が固定化しているわけではなく、例えば、

Though Naishi no Kami was gentle, refined, charming, and seemingly frail, ……　(Book One p.79)

おほかたは、いみじうたをたをとあてになまめかしう、あえかなるけしきながら、　(上　七七～七八頁)

というように、多く「愛敬づく」の訳として用いられている **"charming"** が、他の訳語としても登場していることから、二人の美質のイメージは原作と同質とまではいえないだろう。

さて、こうした異性装のきょうだいの美質の訳語の中で、原作とは異なる世界創出に寄与したものとして注目すべき形容詞がある。男君、女君の美しさを表すものとして時折登場する **"handsome"** という表現である。以下に女君、男君ごとの **"handsome"** の出現箇所を挙げる。

【女君】

①Yet every time Saishō saw him, so handsome, so pervasively charming and beautiful, he yearned for a woman comparable to this man. (Book One p.25)

見る目かたちの似るものなく、愛敬こぼれて、うつくしきさまの、かかる女のあらましかばと、見るたびにいみじう思はしきを、（上 一六頁）

②He was handsomer than ever, more than the word splendid can describe. (Book One p.27)

いとどはなやかに、めでたしともおろかなり。（上 一九頁）

③But Chūnagon was very handsome and his behavior pleasing ; (Book One p.28)

ただ人がらのいとをかしくすぐれて、うとましきもてなしもなく、（上 二〇頁）

④Still ardently pining for Chūnagon's sister, he wanted to see the incomparably handsome brother and reproach him for not acting as go-between. Though as usual that would be in vain, he thought a meeting might comfort him. (Book One p.30)

今はただひとかたに、大殿の姫君の御ことを思ひこがれて、例のかひなくとも、この中納言にうらみも、また世になきかたちけはひも見まほしさにも、なぐさめむと思ひて、（上 二二頁）

⑤Looking to the spot where it came from, he saw Chūnagon, who appeared very small ......But he looked youthful and handsome and so fine that he was radiant in the moonlight. His bearing showed him to be more depressed than usual. His sleeve, wet with tears, exuded an extraordinary perfume, different from the usual. He looked most attractive to the man gazing at him. (Book One p.30)

尋ね来て見れば、（略）いとささやかに見ゆれど、若くをかしげにて、月影に光るばかりめでたく見えて、常よりもうちしめりたるもてなしけしき、袖濡れわたるに、例しめたるにも似ず、世になきかをりなるを、男の身にめでたく見ゆるを、（上　二二頁）

⑥He's very handsome and attractive, (Book One p.46)

おほかたの人がらは、いとめでたくもあやにすぐれて、なつかしう愛敬づきながら、（上　三八頁）

⑦She's so young and frail in manner and appearance, and is probably very much in love with that handsome and elegant husband who talks with her. (Book One p.46-47)

さばかり子めかしく、あえかなりつるけはひ有さまには、中納言のめでたく、なよびかになつかしう、ただうち語らふのみこそ、あはれに心につきて思ふらめ。（上　三八頁）

⑧How could we blame anyone so handsome even if he were thoroughly inconstant? (Book One p.50)

さばかりの人ざまにては、のこるくまなくてすきありかんも、いかにとがむべきぞ。（上　四三頁）

⑨Though an adult, he looked so innocent and so enchantingly handsome. (Book One p.52)

さはいへど、若の御さまやと、をかしううつくしう見たてまつる。（上　四四頁）

⑩He was so radiantly, brilliantly handsome...... (Book One p.62)

光をはなち、花々とめでたく、（上　五七頁）

⑪But Chūnagon looked so noble and handsome that the Prince felt abashed in his presence, (Book One p.70)

人がらのいとあてに、心恥づかしげなるに、心のままにもかへさひにくくて、（上　六六頁）

⑫He looked so exceptionally handsome that his father smiled, ... (Book One p.71)

めづらしくうつくしげなるを、うち笑みて、（上　六八頁）

⑬He's handsome and graceful, yet he always looks so serious, ... (Book One p.77)

さばかりのかたちのにほひやかに、たをやぎをかしきにはたがひて、いみじうものまめやかに、（上　七四頁）

⑭Relaxed, his face flushed with the heat, he looked even more handsome than usual. The shape of his hands, the fullness of his hips clearly visible under the trousers that encased them, his white skin—it was as though he had rolled about in snow—were unbelievably lovely.

"How beautiful he is! Should there be a woman like this I would languish for love of her," thought Saishō, his passions aroused as he gazed at Chūnagon, and he lay down beside him. (Book One p.82-83)

うちとけたるかたちの、暑きに、いとど色はにほひまさりて、常よりもはなばなとめでたきをはじめ、手つき身なり、袴の腰ひきゆはれて、けざやかにすぎたる腰つき、色の白きなど雪をまろがしたらむやうに、白うめでたくをかしげなるさまの、似るものなくうつくしきを、「あないみじ。かかる女のまたあらん時、わがいかばかり心をつくしまどはん」と見るに、いみじうもの思はしうて、乱れ寄りて臥したるを、（上　八〇～八一頁）

⑮......when he was so handsome and at the prime of life. (Book One p.100)

あまりさかりににほひたまへりしかたちの、（上　一〇一頁）

⑯Chūnagon is extraordinarly handsome and gifted. (Book One p.104)

いみじかりけるかたち才のほどかな。（上　一〇五頁）

⑰He was so handsome his beauty embarrassed me ...... (Book Two p.170)

いと恥づかしげにものしたまひし人を、（中　一七八頁）

【男君】

①An indescribably handsome and elegant man, a most refined man, came into view. (Book Two p.132)

いふかぎりなくきよらに、なまめきたる男の、いみじくあてなるが、(中　一三六頁)

②“Oh, that such a handsome man should exist in the world!,” he exclaimed. He found the man so dazzlingly handsome he naturally could not take his eyes from him. (Book Two p.132-133)

「世にかかる人のありけるよ」と、目もあやに見やらるるに、(中　一三六頁)

③When a handsome man who looked exactly like Chūnagon entered, (Book Two p.135)

ただ大将殿の同じさまに、きよらなる人のたがふところなき、入りおはしたるに、(中　一三九頁)

④……a most handsome and elegant young nobleman…… (Book Two p.160)

いひ知らず、きよらにあてにおはする殿の、いと若きなん、(中　一六八頁)

⑤Naishi no Kami was an indescribably good-looking man, and seemed unreal standing there, composed and handsome. (Book Two p.164)

えもいはずきよらなる男にて、ありつきびびしくてさぶらひたまふも、うつつともおぼえず、(中　一七二頁)

⑥He saw his fresh, clean, handsome appearance, one that seemed flawless and mature. (Book Three p.188)

ここぞとおぼゆるところなくねびととのひ、あざやかにきよらにめでたきかたちありさまを　(下　一九八頁)

以上が女君、男君を形容した **“handsome”** の例であるが、その出現は全て二人が男装時のものに限られている。

“handsome” という言葉は日本でも馴染のある形容詞であるが、**“Oxford Dictionary of English”**[16] では男性においては

"good-looking" な様子を表し、女性であれば "striking and imposing rather than conventionally pretty."[17]（通常の可愛らしさというよりも際立ち堂々としている様子）を表すものと定義され、さらに、Cambridge Dictionaries Online では、男性の場合も、"A handsome man is physically attractive in a traditional, male way"（British）, "（esp. of a man）physically attractive"（American）、つまりは、男性的な肉体的な魅力を備えた様子を表すものとして説明されている。すなわち、"handsome" とは極めて「男性的な美」を表す形容詞なのだ。

となれば、前引の場面において男装の女君と男君は、周囲より中性的な魅力というよりも、男性性を感じる存在として評価されていることになる。その上、きょうだいの間の違いは、男君の③の記述からもわかる通り、"handsome" の優劣で表されることはなく、その点で、二人への周囲からの "handsome" との評価はほとんど同質のものとして表現されている。要するに、この形容詞は彼らの本質的な美質 "radiant", "charm", "refined" とは異なり、なおかつ男女の体格的な差（「そびえ」「いとささやか」）とは無関係に、服装の違いによって、後から付随される美質として位置づけられているのだ。もちろん原文の「めでたし」「をかし」あるいは「びびし」の語から、男装した際の、「男らしい」美しさを読み取ることは可能ではあろう。また、たしかに原作でも、女性的な女君の様子を男装時のものと比較する文脈において、次のごとく「男らしい」さまを意味する「ををし」が登場してはいる。

近づくべくもあらずあざやかにもてなし、すくよかなるこそををしかりけれ、乱れたちて、うちなびきとけたるもてなしは、すべてたをたをと、なつかしうあはれげに、心ぐるしうらうたきさまぞかぎりなきや。

（上 九二頁）

Chūnagon's unapproachable, brisk manner and firm bearing were certainly manly, but now, with his confused, yielding, unrestrained behavior, he was most graceful and lovely, looking desperately sad and heartrendingly appealing. (Book One p.92-93)

いたくおもやせたりしも、いとどうつくしうらうたげなるに、おほやけしくもてすくよけたるほどこそ、ををしくも見えけれ、かやうに思ひしめり屈じたまへるは、なよなよとあはれになつかしく見ゆるを、（中　一一六頁）

He appeared very masculine when he acted firmly in public, but worried and depressed as he was now, he seemed slender and sweet. (Book Two p.115-116)

しかし、これら「ををし」の語は、あくまで女君の、普段からは様変わりした弱々しい様子を描き出すものとして逆説的に用いられているのであって、男装時に称賛の的となって語られる“handsome”とは質を異にする。“The Changelings”における女君と男君の男装姿は、周囲から男性的な美しさを備えたものとして認識され、称美される。男装時の姿を褒め称えるものとしての“handsome”の語の登場は、見つめる他者によって、生物学的な「性」、あるいは特徴とは関係なしに、外側から規定される「性差」をより意識化させていく。さらにいえば、男装時はより「男らしい」美を理想とするという、截然とした男女の性の別への眼差しがここにはあるだろう。

そして、この“handsome”に関してもう一点注目したいのは、女君を評価する人物の偏りである。前掲の女君の例を視点別に分けると、宰相中将（Saishō）の視点によるものが八例（①④⑤⑥⑦⑬⑭⑯）、四の君視点が二例（③⑰）、吉野の宮視点が二例（⑩⑪）、父左大臣が二例（⑫⑮）、右大臣が一例（⑧）中務の乳母が一例（⑨）、語り手一例（②）であって、明らかに宰相中将（Saishō）視点に偏っている。しかも、その半数が直接話法を用い（⑥⑦⑬⑯）、彼自身に語らせる文脈となっているのだ。これは、宰相中将（Saishō）が強く女君を“handsome”と意識していたことを意味する。

そして、上記の点を踏まえつつ着目したいのが、次の、宰相中将（Saishō）の人物紹介文である。

Saishō was of course not so handsome, but compared with the average man he was most refined and elegant.

(Book One p.24)

かたちありさま、いと侍従のほどにこそにほはね、なべての人よりは、こよなくすぐれて、あてにをかしく、

（上 一六頁）

点線部に見られる通り、原作の「いと侍従のほどにこそにほはね」は“not so handsome”と訳出されている。[18] これを、先の“handsome”の偏った出現率と併せて見れば“Saishō”像が浮き彫りとなってこよう。“not so handsome”と評される“Saishō”は、男装の女君を見て幾度も“handsome”と感じる。つまり、“Saishō”の心中に繰り返される“handsome”の形容は、「男としての」女君に対する、彼の劣等感を鮮明化した表現といえるのだ。

さらに、宰相中将（Saishō）視点の“handsome”の用例において、看過しがたいのは同語の出現箇所である。先の引用例の中で①⑤⑭の文脈を確認すると、「男性的な美」を表す“handsome”の語が、波線部のごとく、宰相中将（Saishō）が女君のあまりの美しさに心を乱し、魅了されるくだりにも据えられていることがわかる。とりわけ、夏の暑さに薄着となった女君の女性美に惑乱し、「あまりにも魅惑的な姿態におのずと女体を幻視し、惑乱して思わず寄り臥す」（『新編全集』）場面と解される⑭の文中において、まず、彼に“more handsome”との感想を抱かせていることは、たいへん意味深い。原作における男装の女君の美は、その先に女君自身の女姿を透かし見るという、極めて

「女性美」に等しいものとして解せるものである。[19] ところが、"The Changelings" では、「女性美」よりもまず「男性美」を女君の姿に見ているということになる。

須藤圭氏は、『源氏物語』に見られる「女にて見る」の各訳文を分析した上で、「女のような美しさ」とするものと、「女にして見たいほどの美しさ」と訳すものとの質的差異を指摘して、前者は「あくまでも男」である相手の中に「女性美」があることを意味し、後者は「男性性を女性性へと転換してしまう行為」と説く。[20]

原作においては、女君の女性美に魅かれるという異性愛的な場面と解される上記の例で、むしろ男性美の称賛ともいえる "handsome" の語を用いる "Saishō"。このような用法は、宰相中将（Saishō）の人物造型にも影響を与える。"The Changelings" の "Saishō" は、男装の女君の中に女性美を見るというよりも、彼（彼女）の男性美を意識した上で、魅了されていくのである。その点、原作よりも幾分同性愛的要素が強まったものと解することができるだろう。ここには、宰相中将（Saishō）のセクシャリティへの解釈の相違があるのかもしれない。[21]

四、"The Changelings" の描く異性装の世界

以上、"The Changelings" における三人称代名詞の用法、およびきょうだいの美質の描写について見てきた。三人称代名詞の用法から確認されたものは、原作とは異なり、肉体の性差や服装による性差ではなく、人物の社会的立場を基準とする使い分けであり、そして、美質においては、男女の別なく男装時のみに "handsome" が出現するという、服装の性差に基づいて他人から認識される、美質の変化の原作以上の明確化である。なお、男装時の "handsome" という評価からは、男姿であれば、より「男らしい」様子を理想的なものとして見、男女の性差を弁別するまなざし

もまた透かし見える。

上記の二つの性質には違いはあるものの、"The Changelings" に見られるこうした特徴は、「性差」が、社会的立場・役割に大きく左右され、外から規定されるものであることを浮き彫りにするものとなっている。"The Changelings" において描かれる異性装のきょうだいは、父親をはじめとした周囲の人物、社会によって「性」を定められ、生きていく。しかも、彼らは、男装の時であればより男らしく周囲を魅了するといったように、その都度自身に与えられ、周囲に期待される「性」を演じ切る人物と見ることができよう。

このような違いは、ただ言語の文法的性質上の相違にのみよるものではない。背景となる時代差、文化差が色濃く反映したものといえるだろう。一九六〇年代以降、アメリカではウーマン・リブ運動に代表されるような第２波フェミニズムと呼ばれるフェミニズム運動や同性愛者の解放運動が隆盛を見た。"The Changelings" における異性装のきょうだいの描かれ方を注視した時、こうした時代的背景を想起せずにはいられまい。「性差」を、生来のものと捉えずに外から規定されるものとする、第２派フェミニズムに影響を受けた「ジェンダー」観[22]に貫かれている。そうした意味では、"The Changelings" とは、一九八〇年代のアメリカに改めて誕生した「とりかへばや物語」なのである。

時代を超え、言語を超えて〈斜行〉した『とりかへばや』の世界は、より現代的に「性差」というものに揺さぶりをかけ、それを問い直そうとする世界といえよう。

注

（1） Rosette F. Willig, "The Changelings : A CLASSICAL JAPANESE COURT TALE", Stanford University Press, Stanford, California, 1983.

（2） 伊藤鉄也氏らの調査（『海外源氏情報』（http://genjiito.org/））によると、『堤中納言物語』を例外として、平安後期以降の作り物語が英訳されたのは一九七〇年代以降であり、『夜の寝覚』が一九七三年、一九七九年、『浜松中納言物語』は一九七九年、一九八三年、『狭衣物語』については英訳本は未だに刊行されていない。

（3） 鈴木弘道『とりかへばや物語の研究　校注編解題編』笠間書院　一九七三年／新典社版原典シリーズ『とりかへばや』新典社　一九七一年

（4） 藤岡氏（本書I第二章注（5））に同じ。

（5） Horton, H Mack, "review", Journal of Asian Studies, 43 (4), (August 1984), pp.773-75.

（6） Nishimura, Sey, "Untitled Review", Pacific Affairs. 57 (2), (Summer 1984), pp.334-35.

（7） Because Sadaijin's son, Chūnagon, had received the grade of fifth rank as a child, he was called Tayū. (Book One p. 22)

The position in which she was to serve was not a usual one, but because it would have been unreasonable for her to serve without a title she was called Naishi no Kami. (Book One p.34)

（8） 緑川真知子氏によると、一九八八年に完成されたシフェール訳の仏訳以降、『源氏物語』の翻訳においては、原典に近い呼称の翻訳が試みられるようになるようである（「ロイヤル・タイラーの英訳について」講座源氏物語研究第十二巻『源氏物語の現代語訳と翻訳』おうふう　二〇〇八年）。

（9） アメリカでは、一九六〇年代以降、ウーマン・リブ運動に代表されるフェミニズム運動（第2波フェミニズム）の影響により、性差別につながる代名詞（女性無視につながる「総称の he」）に関する議論が巻き起こり、男女両性の単数代名詞の併置や「単数の they」などの利用が提唱されるようになる。そこから、現在に至るまで代名詞の性別に関する議論は続いているが、アイデンティティの問題とも深く関わっているといえるだろう。（参考　寺澤盾『英語の歴史　過去から未来への物語』中央公論新社　二〇〇八年／神崎高明「フェミニズムと英語の代名詞」（『日本英語コミュニケーション学会紀要』10（1）　二〇〇一年九月））

（10） 例えば、異性装解除後の、それとは気づかぬきょうだいの接近場面などでは、「大将におぼえたりけり」（中　一三五頁）

「内侍のかんの君、かぎりとおぼえし夕、いみじくうち泣きて、まほにはあらず、うちそばみたまへりし御顔におぼえたるかな」(中　一三六頁) と異性装時の呼称が用いられる。

(11) この場面、参考としたはずの鈴木氏の解釈は「姉姫君の」と単数であるが、なぜか "the Princesses" と複数形で解釈されている。

(12) アメリカでは、一九六〇年代後半の第2波フェミニズムの高まりとともに、男女の差異や、それに付与される意味に焦点が当てられ、ジェンダーの差異の特徴を生得的とする生物学的「本質主義」が疑問視されて、社会構築主義の見方からのジェンダーの考察が進められていく。(参考　ジェイン・ピルチャー、イメルダ・ウィラハン (片山亜紀　訳者代表)『キーコンセプト　ジェンダー・スタディーズ』新曜社　二〇〇九年)

(13) The reactions of readers of this translation, only some of whom specialize in Japanese literature, confirmed my suspicion that the modern Western reader tends to interpret *Torikaebaya monogatari* as essentially comic, the role switch being seen as somewhat similar to the common comic device of deliberate disguise as used by Shakespeare in *Twelfth Night*. (Introduction　p.8)

(14) 『新編日本古典文学全集』(本書I第一章注 (13))

(15) 緑川真知子「英訳における主人公　光源氏像」(人物で読む源氏物語『葵の上・空蝉』勉誠出版　二〇〇五年)

(16) "Oxford Dictionary of English (Second Edition Revised)", Oxford University Press, 2005.

(17) Cambridge Dictionaries Online (http://dictionary.cambridge.org/)

(18) 宰相中将には一度だけ、「宰相はいとそぞろかに、ををしくあざやかなるさまして、なまめかしうよしあり、いろめきたるけしき、いとをかしう見ゆ。」(上　二七頁) に対応させて、"Saishō cut a tall, manly, brilliant figure. Supple and sensual, he looked fascinatingly handsome." (Book One p.35) と、"handsome" の形容が用いられる。

(19) 菊地仁氏は、宰相中将の視線について「妹君が男装して眼前にいるという特殊条件下であったればこそ理想の女性像を思い浮かべることができた」と述べる (本書I第三章注 (3))。

(20) 須藤圭「源氏物語の「女にて見る」をどう訳すか (承前) ―翻訳のなかのジェンダーバイアス―」(『平安文学研究　衣

笠編』第七輯　二〇一六年三月）

(21) アメリカでは、同性愛者の解放運動が一九六〇年代以降高まり、フェミニズム運動とも一部結びつき社会に発信されていく。宰相中将のセクシャリティについてのこのような解釈の背景には、こうした時代背景も影響を与えているか。（参考　リリアン・フェダマン（富岡明美・原美奈子訳）『レスビアンの歴史』筑摩書房　一九九六年）

(22) 注(12)参照。

初出一覧

Ⅰ　引歌表現と『とりかへばや』

第一章　『今とりかへばや』「志賀の浦」試論 ―― 宰相中将の恋をめぐるアイロニー ――
『国語国文研究』一三五　二〇〇九年三月
※ただし、四節を中心に補筆がやや多い。

第二章　『とりかへばや』の引歌表現に見られる諧謔性 ―― 宰相中将における変奏をめぐって ――
『国語と国文学』八九―一〇　二〇一二年十月

第三章　『とりかへばや』の宰相中将の恋 ―― 過剰な「ことばの〈文〉」の空間 ――
『狭衣物語　文の空間』翰林書房　二〇一四年

第四章　袖の中の魂 ――『とりかへばや』垣間見場面に見られる『古今集』九九二番歌引用について ――
『国語国文研究』一四九　二〇一六年十月

第五章　引歌が引き寄せる物語 ――『とりかへばや』巻二を読む ――
『日本文学』「読む」六五―八　二〇一六年八月
※ただし、四節に大幅な補筆を施してある。

第六章　『とりかへばや』「心の闇」考
『国語国文研究』一四一　二〇一二年二月

Ⅱ　『とりかへばや』の世界――変奏する物語世界――

第一章　とりかへばや物語試論――女主人公と四の君、二人の「女」の接近と対比
『古代中世文学論考』一九　新典社　二〇〇七年
※ただし、五節を中心に補筆が多い。

第二章　『今とりかへばや』の恋する帝をめぐる一考察
『国語国文研究』一三九　二〇〇九年三月

第三章　英訳された『とりかへばや』――〈斜行〉する『とりかへばや』の世界
『狭衣物語　文学の斜行』翰林書房　二〇一七年

※各章、特にことわりがない場合も、適宜補筆訂正等を施してある。

あとがき

思えば、私が『とりかへばや』と初めて出会ったのは、小学生の時である。当時講談社より刊行されていた少年少女古典文学館シリーズの一つ、田辺聖子著『とりかえばや物語』（講談社　一九九三年）を、父親が私に買い与えてくれたのだ。田辺聖子氏が描き出す男装の女君は、男装の麗人然としており、働く自立した女性の理想像のように思えた。

その日以来一番の愛読書となったこの物語を、当時、文学少女の端くれといったところの夢見がちな子供であった私は、敬愛する担任の先生へ、ぜひ読んでほしい本として半ば無理矢理進呈した。人の良い熱血漢の若手男性教員であった担任は、児童の意に添おうと、忙しい時間を割いて読んでくれたようであるが、「四の君密通事件」の辺りで内容的に限界を迎えたとのことであった。困惑気味の表情で、「こんなのを読んでいるのか」といわれたのを覚えている。その後、中学に進学し、古典が授業で開始することに心躍らせた私は、国語担当の先生に、『とりかえばや物語』を授業で扱ってもらうことは出来ないか相談した。先生の返答は、「授業でとても扱えない内容なのは、わかっているはずだろう」というものであった。一九九〇年代の公立中学校で、『とりかへばや』を授業として取り扱うのは、たしかに色々と困難が伴ったかもしれない。これらの記憶は、今でも鮮明である。当時の、特に教育現場において、男装女装を描くこの物語は、まだまだ公には受け入れ難いものであったのだろう。

そうした『とりかへばや』も、二〇一八年ともなると、高等学校用の一部の『古典A』等の教科書に採用されているという。時代の変化を感じずにはいられない。これも、先人達が積み上げてきた数々の功績の賜物であろう。

一方、私自身は、高校時代に興味を文学から世界史へと移し、北海道大学に進学した。大学ではロシア史を専攻しようと考えていたのである。ところが、大学一年目の春、ふとした興味から受講した、後藤康文先生の講義によって、その後の人生計画は一変した。後藤先生の講義は刺激に満ち、平安文学の魅力と奥深さを教えてくださるものであった。以来、文学の研究を志し、卒業論文では幼い頃の愛読書『とりかへばや』を、今度は研究対象として読んでみようと決意した。Ⅱの第一章のもととなった拙論は、その時の卒業論文をまとめたものである。それ以降、今日まで『とりかへばや』とは十余年の付き合いとなる。

曲がりなりにも、これまで細々と続けてこられたのは、ひとえに、研究を通して様々な局面で接する機会をいただいた先生方をはじめ、周囲の方々からのご指導やご助言、ご助力を賜ることができたからである。何よりもまず、恩師・後藤康文先生には、心より感謝申し上げたい。先生は、右も左もわからぬ学部時代から、博士後期課程に至るまで、時に温かく時に厳しく導いてくださった。そして、身﨑壽先生や冨田康之先生、長谷川千尋先生、押野武志先生、水溜真由美先生、その他北海道大学の多くの先生方からは、学部在籍中より分野を超えて多大な学問的恩恵を賜ることができた。加えて、先輩方や同期、後輩達との出会いは何にも代えがたい。萩野敦子氏、宮下雅恵氏、下鳥朝代氏をはじめとした先輩方には、在学中のみならず、学会・研究会の機会を通じて、今もなおご指導ご鞭撻いただけていることは幸いである。志を同じくする同期や後輩達の存在は私の励みとなっている。

さらに、学外においては、まず、大和物語研究会、ならびに狭衣物語研究会の皆様方に、深謝申し上げる。研究会に参加させていただいて以降、これまで数多の刺激を与えてくださるとともに、研究者として歩むべき道を見失い右往左往しがちな私を、教え導いてくださった。皆様から賜った学恩は計り知れない。また、学会などの折々には、多くの先生方からご指導、ご教示を賜った。他にも様々にこれまでお力添えくださった皆々様に、この場をお借りして、衷心より御礼申し上げたい。

最後に、本書の出版を受け入れてくださった新典社の岡元学実社長、そして、編集を担当してくださった小松由紀子氏にはひとかたならぬお世話になった。記して厚く御礼申し上げる。

二〇一九年一月

片山ふゆき

な　行

は　行

ま　行

ら　行

わ　行

事 項 索 引

あ 行

か 行

さ 行

た 行

た 行

な 行

は 行

ま 行

や 行

書 名 索 引

な 行

は 行

ま 行

や 行

ら 行

わ 行

人 名 索 引

あ 行

か 行

さ 行

た 行

索　　引

凡　例

＊本書において論究した人名・書名・事項の索引である。ただし、引用させていただいた本文中の言葉は該当させない。
＊通行の読みに従って五十音順に配列し、該当頁を示した。
＊書名については、原則として近世以前のものに限って収載したが、『とりかへばや』の注釈書および英訳本は示してある。なお、現存『とりかへばや』については、多数の頁に及ぶため除いた。
＊同じ意味内容を示す事項・名称は、同一の項目に統一した。そのため、本文中の表記と異なる場合がある。

片山　ふゆき（かたやま　ふゆき）
1982年12月　東京都に生まれる
2006年3月　北海道大学文学部卒業
2011年3月　北海道大学大学院文学研究科博士後期課程修了
学位　博士（文学）
現職　苫小牧工業高等専門学校准教授

新典社研究叢書314

『とりかへばや』の研《けん》究《きゅう》
——変奏する物語世界——

平成31年4月10日　初版発行

著　者　片山　ふゆき
発行者　岡元　学実
印刷所　惠友印刷㈱
製本所　牧製本印刷㈱
検印省略・不許複製

発行所　株式会社　新典社
東京都千代田区神田神保町一―四四―一一
営業部＝〇三（三二三三）八〇五一番
編集部＝〇三（三二三三）八〇五二番
FAX＝〇三（三二三三）八〇五三番
振　替　〇〇一七〇―〇―二六九三二番
郵便番号一〇一―〇〇五一番

ISBN 978-4-7879-4314-9 C3395
http://www.shintensha.co.jp/　E-Mail:info@shintensha.co.jp

新典社研究叢書

（本体価格）